お金になる方法
ワークブック

アクセス・コンシャスネス®

「人生の全ては安らぎ、歓び、豊かさとともに！™」

ギャリー・M・ダグラス　著

How to Become Money

Copyright © 2015 Gary M. Douglas

ISBN: 978-1-63493-035-2

Published by

Access Consciousness Publishing, LLC

www.accessconsciousnesspublishing.com

Printed in the United States of America

アクセス・コンシャスネス

「人生の全ては安らぎ、歓び、豊かさとともに！™」

目次

はじめに

このワークブックの情報は、もともと、アクセス・コンシャスネスの創設者である
ギャリー・ダグラスが、ラズと呼ばれる存在からチャネリングしたものです。現在
ギャリーはチャネリングを行っていません。これは、実際の授業の原稿です。

アクセスは、「本当はもう既に知っていること」に人が気付くための手助けをしま
す。あなたにとっての正しいこととは、あなたにしか分からないものです。

どうぞこのワークブックを使って、お金に関してあなたが創り上げている愚かで制
限的なポイント・オブ・ビュー（見方・視点）を解き放ってください。そして、人
生により大きな安らぎを創造し、より沢山のお金とお金の流れと共に生きるために、
この本を活用してください。

アクセス・コンシャスネスに関する情報、商品、そして、人生のあらゆる側面に役
立つクラス（ビジネス・お金・人間関係・セックス・魔法・身体などなど）は、私
たちのウェブサイトをご参照ください。アクセスのファンページもありますので、
そちらもぜひどうぞ。あなた自身の人生を創造し、生み出すことなら何でもやって、
何にでもなってください。そして、想像しうる以上のあなたの人生を創造し、生み
出していきましょう！

www.AccessConsciousness.com

ラズと呼ばれる存在にチャネリングを行う
ギャリー・ダグラスによるライブ授業の原稿

ギャリー：このお金に関するワークショップは、私にとっても新しい体験となります。皆さんにとってどういったものになるかは分かりません。ノート、ペンあるいは鉛筆を用意してください。今夜は、沢山やることがあるからです。ラズが私に与えた少しの情報から、沢山のことが起こり始めます。彼はクラスの中で、前に出て他の参加者の鏡になってくれる人はいないか、とみなさんに尋ねます。起こることに対して、恥ずかしがる必要はありません。というのも、問題が表出する形は異なるにせよ、あなたと同じ問題を抱えていない人など、全くいないのですから。あなたが１００万ドル持っていようと、５０セント持っていようと、それは変わりません。お金のテーマは、誰にとっても手強いものです。OK？では、いきましょう。

ワークブックの問い

今夜は、お金に**「なる」**方法についてお話します。それは、あなた自身がエネルギーであり、エネルギーになれるということでもあり、それは、これまでもあなたはエネルギーであったということです。そして、お金はエネルギーです。

今夜これから問いに答えていくにあたり、ぜひ意識していただきたいのは、答えるときの「正直さ、誠実さ」が周囲の人にだけではなく、あなた自身にも関連してくるということです。お金に関してあなたが創り出してきたポイント・オブ・ビュー、見方の一つひとつが、お金を「受け取る」ことに制限を設け、限界を作ります。

あなたが創造するものの全てを、他者も創り出します。完全なる正直さを持って取り組んで下さい。そうしなければ、あなた自身が自分を騙す唯一の張本人となり、いずれにせよ、他人はその秘密を知るようになります。

そして、ぜひ覚えておいていただきたいのが、今回扱う主題は「軽い/light」と考えられている主題ではないものの、「軽い」はずのものである、ということです。「軽い」とは面白く、ジョークのようなもので、笑ったりしても、大丈夫なテーマなのです。ですから、あなたが本来そうであるように、悟りを開いた（en-lightened）存在になるための心の準備をしてください。

このワークブックから結果を生み出すことを本当に強く望むのであれば、次の章に移る前に、こちらのセクションの問いに全て答えることがベストです。

ラスプーチン（R）：こんばんは

生徒（S）：こんばんは、ラスプーチン

R：皆さんお元気ですか？今夜は皆さんの心の中で一番大切なものであるお金について、お話しましょう。お金とは、皆さん一人ひとりが思っているようなことではないのですが、一緒にワークをしながら、皆さんが、どのようにお金と向き合うのか、それを学び始めるための手助けをしていきます。お手伝いするのは、その時々の状況をどうするか、といったことではなく、あなたという本来の豊かさを許容する（allowance：受け止め受け流す）ことなのです。

では始めましょう。皆さんに質問します。「お金とは何ですか？」自分にとってお金は何なのかを、3つ書き出して下さい。お金はこうあるべきだ、というような答えは書かないようにして下さい。「正しい」答えについても同様です。なぜなら、「正しい」答えなどないからです。自分の脳が漂うままに、あなたがいる場所から、真実の答えをページに記しましょう。では、あなたにとってお金って何？3つ挙げてください。

質問1：『お金って何？/What is money?』

答え1
_____
_____
_____
_____

答え2
_____
_____
_____
_____

答え3
_____
_____
_____
_____

皆さん準備はよろしいでしょうか？２つ目の質問です。あなたにとってお金とは、どんな意味がありますか？答えを３つ書いて下さい。

質問２：『あなたにとってお金とはどんな意味がある？/What does money mean to you?』

答え１
_____
_____
_____
_____

答え２
_____
_____
_____
_____

答え３
_____
_____
_____
_____

３つ目の質問です。お金を考えたときに、あなたが感じる３つの感情とは？

質問３：『お金を考えたときに、あなたが感じる３つの感情とは？/What three emotions do you have when you think of money?』

答え１
_____
_____
_____
_____

答え２
_____
_____
_____
_____

答え３
_____
_____
_____
_____

では次の質問です。4つ目の質問です。あなたにとってお金とはどんな感じがする？答えは3つですよ。お金からどんな感覚を得ますか？

質問4：『あなたにとってお金とはどんな感じがする？/What does money feel like to you?』

答え1

_____

_____

_____

_____

答え2

_____

_____

_____

_____

答え3

_____

_____

_____

_____

次の質問です。あなたにとって、お金はどう見えていますか？

質問5：『あなたにとってお金とはどのように見える？/What does money look like to you?』

答え1
_____
_____
_____
_____

答え2
_____
_____
_____
_____

答え3
_____
_____
_____
_____

皆さんいいですか？次の質問です。あなたにとって、お金とはどんな味がしますか？自分の口の中で感じてみて下さい。どんな味ですか？　小さい子供の頃でないと、お金を口に入れたことの無い方がほとんどだと思います。そのときのことを参考にしてもらってもいいですよ。

質問6：『あなたにとって、お金はどんな味がする？/What does money taste like to you?』

答え1
_____
_____
_____
_____

答え2
_____
_____
_____
_____

答え3
_____
_____
_____
_____

次の質問です。皆さん準備はいいですか？次の質問は、お金が自分の方へやって来るとき、どの方向からやって来るように感じますか？右？左？後ろ？前？上？下？全ての方向？どこからやって来るのが見えますか？

質問7：『お金が自分に向かってやって来るとき、どの方向からやって来るのを感じる？/When you see money coming toward you, from which direction do you feel it coming?』

答え1
_____
_____
_____
_____
_____

答え2
_____
_____
_____
_____
_____

答え3
_____
_____
_____
_____
_____

いいでしょう。次の質問です。あなたは必要以上にお金を持っていると感じますか？必要以下のお金しか持っていないと感じますか？

質問8：『あなたは必要以上にお金を持っている？それとも、必要以下のお金しか持っていない？/In relationship to money, do you fell you have more than you need or less than you need? 』

答え1
_____
_____
_____
_____

答え2
_____
_____
_____
_____
_____

答え3
_____
_____
_____
_____

次です。あなたが目を閉じたときにお金は何色に見えますか?そして、何次元あり
ますか?

質問9:『目を閉じたとき、お金は何色に見える?そのお金には何次元ある?/In relationship to money, when you close your eyes, what color is it and how many dimensions does it have?』

答え1
_____
_____
_____
_____

答え2
_____
_____
_____
_____

答え3
_____
_____
_____
_____

質問１０：『お金が入って来ることと、出て行くこと、どちらが簡単？/In relationship to money, what is easier, inflow or outflow?』

答え１
_____
_____
_____
_____

答え２
_____
_____
_____
_____

答え３
_____
_____
_____
_____

次の質問です。お金に関して抱えている問題のワースト３は？

質問１１：『お金に関して抱えている問題のワースト３は？/What are your three worst problems with money? 』

答え１
_____
_____
_____
_____
_____

答え２
_____
_____
_____
_____
_____

答え３
_____
_____
_____
_____
_____

次の質問です。どちらの方を多く持っていますか？お金？それとも借金？

質問１２：『お金と借金、どちらの方を多く持っている？/Which do you have more of money or debts?』

答え
_____

_____

_____

_____

_____

もう一つ皆さんに質問をお出ししましょう。お金の豊かさを人生で得るために、どんなことが今の経済状況の解決策となるでしょう？３つ挙げて下さい。

質問１３：『人生でお金の豊かさを得るには？今の経済状況を解決しうる３つを挙げて下さい/In relationship to money, to have an abundance of money in your life, what three things would be a solution to your current financial situation?』

答え１
_____

_____

_____

答え２
_____

_____

_____

答え３
_____

_____

_____

さて、皆さん答えは出ましたか？答えの出ていない方はいますか？いいでしょう。では、もう一度最初のページへと戻って、問いを読み返し、本当に正直に回答したかどうかを自分自身に尋ねてください。ワークシートには正直に答えたものだけを残してほしいのです。もしそうでないものがあるなら、変えて下さい。

自分が書いたものを見直し、本当に正直に、自分自身に正直に向き合った上で導き出した回答なのかを判断して下さい。正しい答えなどはありません。間違った答えもありません。それは「ポイント・オブ・ビュー（見方、視点）」でしかありません。ただの見方、それだけです。そして、それらはあなたが自分の人生に創り出した制限です。「宇宙の正しい答えは何だろう？」という所から機能しているのであれば、あなたは自分自身に誠実ではありません。もし誠実であるのなら、すでにあなたの人生は、かなり違ったものになっているからです。

お金とは何でしょう？人によっては、お金は車であり、別の人にとっては家であり、また別の人にとっては安全であり、また別の人にとってはエネルギーの交換です。しかし、お金とはそういったものでしょうか？いいえ。お金はエネルギーです。あなたがエネルギーであるのと同様に。あなたがお金に付与する見方以外には、あなたとお金の間に違いなどありません。あなたがお金に見方を与えるのは、他者の見方をあなたが信じ込んでしまったからです。

自分の経済状況を変えるのであれば、また、人生においてお金とは何かを変えるのであれば、全てに対して「許容すること（allowance/受け入れ受け流すこと）」を学ばなければなりません。しかし特に、他者の見方が自分にやって来たら、それをよく見つめ、自分にとっての真実なのかどうかを見なければなりません。それがあなたにとって真実なら、あなたはそれに同調し、あるいは同意し、それを固定化させています。それが真実ではないのなら、あなたは抵抗するか、あるいは反応して、その見方を固定化させます。自らが持つ見方にすら同意する必要はありません。それらは「ただの面白い見方」であるべきです。

あなたは、あなたそのものになり、あなたが手にするもの自体にならなくてはなりません。あなたの中に無いものは、手に入れることなど出来ないのですから。もしあなたが、お金とは、自分の「外側にしかないもの」だと見ているとき、絶対にお金を手にすることはありません。そして、そのような見方でいる限り、十分さを感じられることはないでしょう。

第1章

お金って何？

R：では皆さん準備はいいですか？出来ましたか？自分の回答には満足していますか？いいでしょう。それではお金について、お話していきましょう。まずは、これまでページに書き込んだ内容から、お金に対する自分の見方（視点）が見えてきたことと思います。今、直面している経済状況が自分の人生そのものに見えていたり、今の経済状況だけが自分の人生だという他人の見方を取り入れ、信じ込んでいます。面白い見方ですね。

では、今まで何度もそうしてきたように、改めて許容（allowance）と受容(acceptance)の違いについて話しましょう。許容とは、あなたは小川の中の岩で、思考、アイディア、信念、決めつけがやってきてもあなたを迂回して過ぎ去っていきます。もしあなたが小川の中の岩であれば、あなたは許容しています。もしあなたが受容の中にいれば、全てのアイディア、思考、信念、決めつけがやって来ると、あなたは川の一部となり、流されます。

受容には３つの要素があります。「同調または同意」は物事を固定化させます。「抵抗」も固定化、反応を引き起こし、「反応」も固定化につながります。これは現実ではどのように現れるのでしょうか？そうですね。例えば友達が「この世には十分なお金がない」と言ったとしましょう。そこで、あなたがこの発言に同調または同意し「そうだね」と言うと、彼の人生、そしてあなたの人生でその発言を固定化させます。友達の発言に抵抗した場合には、あなたは「こいつは私からお金が欲しいんだ」と思い、彼の人生、そしてあなたの人生の中でそれを固定化させます。彼の発言に対してあなたが反応し、「そうなんだ、私はお金を沢山持っているけどね。

君は、どうかしちゃってるんじゃない？」と言ったり「私はそんな風にはならないけどね」と言うと、彼の発言を買い取って自分の中に取り入れ、信じ込み、その発言への代償を支払うことになり、バッグに入れて家に持ち帰り、自分の中で固定化させます。

もしあなたの友達が、「この世には十分なお金がない」と言えば、それはただの「面白い見方」です。お金に関する情報を何か聞くたびに、瞬時にそれを「面白い見方」だと認識する必要があります。それが、あなたにとっての現実である必要はありませんし、人生にそれが起きる必要もありません。もし、返済するより借金する方がしやすいと思っているなら、それを固定化し、とぎれのない借金を創り出したことになります。結局のところ、それも「ただの面白い見方」です。

お金とは何でしょう？お金は金だと思う人もいるかもしれませんし、中にはお金は車と思う人、家と思う人、お金はエネルギーの交換だと思う人、中には交換の手段だと思っている方もいるかもしれません。この一つひとつが固定化されていることに着目してみて下さい。お金はただのエネルギーでしかありません。
自分の人生を見つめたとき、「十分なお金がない」と思うと、あなたの側に座って手助けしてくれる天使達に、「追加のお金は必要ないよ」と言っているようなものです。実際には、必要ありません。あなたはエネルギーであり、その供給量が限られていることなどないのです。あなたは、人生でやりたいことの全てが出来るエネルギー以上のものを持ち合わせているのに、自分自身をお金として、エネルギーとして、パワーとして創り出すことを選択していません。

あなたにとってパワーとは？多くの人にとってパワーとは他者を圧倒することであったり、他者を支配することであったり、自分の人生をコントロールすることであったり、人生を支配下に置くことであったり、もしくは財政運をコントロールすることであったりします。面白い見方ですよね？

「経済的な運命/お金に関する宿命」とは何でしょう？それは奇妙なプログラミングです。そういうものなのです。運命という仕組み化されたものです。あなたが毎回「私には経済的自由という仕組みがなくてはならない！」と言う度に、あなたは自分自身に向かって自由がないと言っているのと同じです。ですから、自分の選択

と体験を総じて制限してしまうのです。

ここで皆さん、ほんのわずかの間、目を閉じてください。そして自分の前からエネルギーを引っ張り、体の全ての毛穴の中に引き入れます。エネルギーを吸い込むのではないですよ。引き入れるのです。そうです。では体の後ろから、全方向からエネルギーを引き入れます。そして次に横側から引き入れ、足下からも引き入れます。エネルギーを引き入れると、そこには豊富なエネルギーがあることが分かります。では、それをお金に変えましょう。多くの人が急にエネルギーをぎっしりとした、濃いものにしたのに、気付きましたか。それはもう、あなたが引き入れていたエネルギーと同じものではなくなり、何か意味付けされたものになったのです。お金は重要だ、意味がある、という考えをあなたは取り入れ、その考えを固定化して、お金がどのように機能するか、ということに関して、外の世界に同調し、合意したのです。この世はお金を元に機能しているのではなく、エネルギーを元にして機能しています。この世界ではエネルギーというコインで支払いをします。もしあなたがお金をエネルギーとして与え、受け取っているのであれば、豊かさを手に入れるでしょう。
しかし多くの皆さんにとって、エネルギーが入って来る、ということは分類であり、アイディアです。エネルギーを体全体に引き入れ、引き入れます。それを保つことは出来ますか？それは、積み重なって、もっともっと大きくなっていきますか？あなたのところで止まりますか？いいえ、あなたは、ただのエネルギーであり、エネルギーを創り出す方法は、あなたがどこに意識を向けるか、なのです。お金も同じです。

そう、この世の全てはエネルギーであり、あなたがエネルギーを受け取れない場所など一つもありません。座っている犬からも、雪にひっかけたおしっこからも、車やタクシー運転手からもエネルギーを受け取る事が出来るのです。皆さんわかりますか？あなたは全てからエネルギーを受け取ることが出来るのです。では、自分の前面からタクシー運転手に向かって大量のお金を流してみて下さい。どのタクシー運転手でも構いません。もっともっと流して。もっと、もっと、もっと、もっと、もっと、もっと。では、自分の背後に引き込まれているエネルギーを感じてください。背後から入って来るエネルギーの量に制限をかけていますか？

お金はどこからやって来るのでしょうか？もし右や左からやって来るように見えたら、人生には仕事しかないと捉えています。だって、お金を得る唯一の方法が仕事なのですから。もし、前からやって来るように見えるのであれば、お金は未来にあるものだと捉えています。もし背後に見えるようであれば、過去からやって来るものだと捉えています。そうした所でしかお金を得た事がないのです。あなたの人生は「昔、お金はあったけど、今はもうない。だからとても惨めだ」というわけです。それは現実ではありません。ただの面白い見方でしかありません。

では、お金を流すとき、あなたはハート・チャクラから流しますか？ルート・チャクラからでしょうか、またはクラウン・チャクラからでしょうか？どこから流しますか？あなたの存在全体、どこからでも流して下さい。すると、あなたの存在の全体、どこからでも流れるようになります。

自分の上からお金がやって来るように思う場合は、スピリットがお金を提供してくれているのだと思っているのでしょう。スピリットがあなたに提供するものは、エネルギーであり、あなたが創造すると決めたものを何でも創造できるエネルギーです。お金を創造するために、あなたは何を、何をしますか？まず、はじめにパワーにならなければなりません。パワーとは、階層や階級ではなく、支配するものでもなく、エネルギーです。無限で、拡張し、成長していくものであり、壮大で、美しく、素晴らしく、豊富で、素早いエネルギーです。それはどこにでもあり、エネルギーでいれば自身をないがしろにすることがなく、また、パワーでいれば自身をないがしろにすることもなく、他人をないがしろにすることもありません。あなたがパワーであるとき、あなたは完全なるあなた自身で在るのです！そして、あなたがあなた自身であるとき、あなたはエネルギーであり、全てがエネルギーであるあなたに繋がっています。それは、無限に供給されるお金があなたと繋がっている、ということでもあります。

では、パワーになるには、毎朝１０回「私はパワーである/I am power」と繰り返して下さい。そして夜にも１０回「私はパワーである」と繰り返しましょう。他には何になる必要があるのでしょう？創造性（creativity）です。「私は創造性である/I am creativity」創造性とは？創造性とは、あなたの人生のビジョンであり、あなたの本質、魂のエネルギーとして、あなたが切望する仕事です。

創造性としてのあなたが行うこと、これまでに行ったたことは、その行為に関わらず、例えば、床掃除、トイレの掃除、窓ふき、皿洗い、料理、小切手を切ることであっても、パワーに繋がる創造性としてなされています。そしてそのパワーは、エネルギーと同等であり、お金につながります。なぜなら、これらは全て同じだからです。

次に必要な要素は、アウェアネス（気づき）です。アウェアネスとは何でしょう？アウェアネスとは、全て、あなたの考えること全てが創造されるのだと認識することです。あなたの思考は現実になります。あなたの思考だけで、人生がどのように立ち現れて来るかが決まる、ということでもあります。

自分はどこに向かい、何をするのかという創造的なイメージがあり、それにアウェアネス（気づき）を加えれば、取引完了。それは現実化します。でも、この世界に追加するものは、時間という要素です。時間です！時間は破壊的です。なぜなら、このクラスを今夜終えて、明日までに１００万ドルを現実化しなければ、あなたはこれが価値のなかったクラスだと決めつけ、学んだ事を全て忘れてしまうからです。

では、時間をどのように説明しますか？コントロールになりながら、どう説明しますか？「私はコントロールである」

「私はコントロールである」とは、「あなたが創造性としてビジョンを描くもの、すでに完成されているとあなたが気付いているもの、パワーとして・エネルギーとしてあなたが繋がるものは、適切なタイミングと枠組みの中で、既に取引が完了し、姿を表すようになっている」のだと、正しい時、正しい方法で、自分の道筋を定義することなしに理解すること。

そして、この４つの構成要素（「私はエネルギー」「私はパワー」「私はアウェアネス」「私は創造性」）を重ね合わせると、ユニバースがその全ての側面を調整することをあなたは許容し、世界があなたの下僕になるように微調整し、あなたは自分が求めるものを全くその通りに現実化するのです。

では、しばらく、切望（desire）について話をしましょう。切望とは、あなたが創り出すことを決めたときに生じる感情です。それは現実でしょうか？いいえ、それは面白い見方でしかありません。もし、服が欲しいと切望するとき、理由があってそうするのでしょうか？あるいは、寒いからとか、暑すぎるからとか、靴がすり減ってしまったからとか？いいえ。そうした理由があって出てくるものではなく、他の人のために切望するのです。だって、その色だとよく似合っていると誰かに言われたとか、そのシャツを来ているところを何度も人に見られすぎてしまったからとか、彼らが○○という風に思うからとか。（笑）はい、あなたが少し軽やかになったようで、嬉しいです。（笑）

いいでしょう。切望とは、実際のあなたの主張・こだわりに感情的な欠乏を流し込むことです。存在としてのあなた、エネルギーとしてのあなた、パワーとしてのあなた、創造性としてのあなた、アウェアネスとしてのあなた、コントロールとしてのあなたには、欲望が全くありません。全くです。欲望というものがないのです。自分が何を経験するかは問題ではなく、あなたは経験することを選択するだけです。しかしこの世界において、あなた方が選択していないのが安らぎです。安らぎを選択しない理由は、それを選択することは、パワーにならなければならないことを意味するから。そして、それは自分のためだけではなく、他の皆のために、平和、平穏、喜び、笑い、豊かさをこの地球に現実化しなくてはならないと思うから。

あなたは自分をないがしろにする場から物事を選んでいます。あなた本来のパワーになれば、あなたに必要とされるものは、歓び、安らぎ、豊かさで生きることなのです。

豊かさ（glory）とは、あふれんばかりの生命を表現したもので、全てが豊富（abundance）であることを意味します。

全てが豊富であるとはどういうことなのでしょう？全てのものが豊富である、とは、あなたがこの次元にある全ての存在と一つひとつ繋がっているということ、また、この次元における一つひとつの分子があなたをサポートし、あなた自身であるエネルギーとパワーをもサポートしていることを理解することであり、それが現実であることを指します。それ以下のものとしてあなたが機能しているのであれば、それ

以下のものになっているのであれば、あなたは、ただの意気地なしになっているのです。

そうした金銭的な不安による衰弱から、あなたは自分自身を小さく、能力がない存在として、しかもそれ以上に、消極的な存在として創造します。あなた本来の姿でいるための課題を引き受けることをしません。なぜなら、あなたはパワーであり、コントロールであり、アウェアネスであり、創造性だからです。そしてこの４つの要素があなたの豊富さを創造します。ですから、自分自身になれるまで、残りの人生でこの４つの要素を毎日使って下さい。そして、ここにもう一つ加えて、こう言うと良いでしょう。「私はお金である、私はお金である」では、皆さん一緒にお願いします、私たちに付いてきて下さい。「私は」をいくつかやります。いいですか？では始めましょう。
私はパワーである、私はアウェアネスである、私はコントロールである、私は創造性である、私はお金である、私はコントロールである、私はパワーである、私はアウェアネスである、私は創造性である、私はパワーである、私はアウェアネスである、私はコントロールである、私は創造性である、私はお金である、私はアウェアネスである、私はパワーである、私はコントロールである、私はアウェアネスである、私はパワーである、私はコントロールである、私はお金である、私は創造性である、私は歓びである。いいでしょう。

では、自分のエネルギーを感じて、自分のエネルギーが拡張する感覚を感じて下さい。これがあなたの真実であり、あなたはこの場所からお金の流れを創造するのです。みなさん一人ひとりに見られる傾向は、自分自身を「体」と呼ぶ小さな領地の中に引っぱり、考え込む、という傾向です。考えることを止めましょう。あなたにとって、脳は使い物にならない道具です。その脳みそを捨て去り、真実のあなたで、パワーとしてのあなたで、拡張としてのあなたで機能し始めなさい。完全にそうなりなさい。ではみなさん、自分のお金の世界に自分自身を引き入れましょう。良い感じですか？

Ｓ：いいえ。
Ｒ：そうですね、ではどうして、そこで生きることを選ぶのですか？どんな制限的な信念から、あなたは機能しているのでしょう？書き出して下さい。

人生においてあなたが自分自身を機能させている制限的な信念で、あなたのお金の世界を創造している制限的な信念は？

答え
_____

_____

_____

_____

_____

では、パワーとして拡張したままでいてください。そして、現実ではなく、自分を機能させている空間として、あなた自身の中に創り上げたお金の世界を見つめて下さい。そのように機能するには、どんな制限的な信念がそこに留まっている必要がありますか？自分の体に引っ込まないで。それをやっている人がいるのが感じられます。その空間には触れるだけで、中には入らないで。ありがとう、そうです。外に向かって拡張させて。そう、そうです。その空間に引っ込まないで。また引っ込んでいますよ。引っ込まずに、そこから出て下さい。

私はパワーである、私はアウェアネスである、私はコントロールである、私は創造性である、私はお金である、私はパワーである、私はコントロールである、私は創造性である、私はお金である、私はパワーである、私はコントロールである、私は創造性である、私はお金である、私はアウェアネスである、私はアウェアネスである、私はアウェアネスである。それです、ありがとう。

今、あなたは体の外にいます。あなたはいつも自分自身を体の大きさにまで小さくすることを選び、そして、自分が何を受け取れるかについての制限を選んでいます。だって、お金のエネルギーを受け取れるのは、自分の体だけだと思っているから。それは真実ではありません。それは偽りであり、あなたはそこに基づいて機能しています。いいでしょう、ではもっと拡張しましたか？いいでしょう、そういったものを見てきたところで、皆さん、答えは出ましたか？出ていない人は？

S：出ていません。

R：そうですか、答えが出ていない？少し見てみましょう。あなたは、自分の経済状況をどのようなものだと考えていますか？体の中で感じて下さい。どの場所にありますか？

S：目です。

R：目？

S：あなたの経済状況がここにあるから、自分が何を創造しているかが見えないんだね？

S：はい。

R：では、あなたの目にはアウェアネスがありますか？あぁ、面白い。今、抜け出し始めましたね。気付いた？そう、制限から抜け出そうとし始めたんだよ。あなたが自分自身を機能させている制限的な信念は、「先に何が起こるかを知る先見の明が私には無いので、コントロールしなくてはならない」あってる？

S：はい。

R：いいでしょう。では、どのようにして、その信念から抜け出すか？では他の皆さんは、自分自身を機能させている信念が思いつきましたか？貢献が必要な人、助けが必要な人は？

S：お願いします。

R：はい、では、あなたの経済状況はどのようなもので、それを体のどこで感じますか？

S：みぞおちと喉です。

R：そうですか、ではその、みぞおちと喉って何なのでしょう？そこに入って、全てを感じてみて。感じて、はい、それです、そこ。いいでしょう。だんだん重くなっているのに気付いていますね。はい、経済状況がそうなればなるほど、つまり、その感覚は経済面で苦しい状況になるとまさに感じる感覚ですね、そう？いいでしょう。では、それを戻して、別の方向に持って行きましょう。そうです、感じますか？今変化しているね、でしょ？

S：はい。

R：あなたのお金に関する考察（consideration：あれやこれやと考えること）というのは、「物事を現実にするために自分自身の真実を語るパワーや声が自分にはない」ということです。

S：はい。

R：はい、まさにそうだね、よかった。分かりますか。今ここにいる一人ひとりが、

このやり方を理解しました。これが、自分自身の体や世界に創造してきた影響を覆す方法なのです。経済的な制約を体のどこで感じるかを探して、それを逆戻りさせ、その制約があなたから出て行くことを許容し、そして、あなたの中に存在するのではなく、自分の外に存在することを許容するのです。あなたの一部ではなく、実際には、面白い見方として。だって、制約が自分の外に出れば、それを客観的に見ることができるでしょ。体に制限を受けた自分として機能すると、あなたは自分の魂にも制限を創造することになるのです。今、頭がクラクラしている人はいますか？

S：はい、しています。

R：ちょっと頭がクラクラするかな？オーケー。少しクラクラする？どうしてクラクラしているの？それは、あなたがお金についての考察を感じていたところではなかった？それがあなたをビックリさせたので、どのように対処して良いのかわからなくなったのでは？そのクラクラを頭の外へ持って行きなさい。あぁ、感じます、感じます。今、あなたは拡張です。お金はもう、あなたの中でコントロールできないものではなくなりましたね。コントロールできないものや手に負えないものなんてないんだ。そんなのはまやかしだ！唯一あなたをコントロールするものは、あなたを機能させる土台になっている赤信号と、進めと伝える青信号だけで、それは車を運転している時のこと。自分の体の中にいる時にまで、そのような青信号と赤信号にどうして従うの？パブロフの実験？では、もともとの問いに戻りましょう。最初の問いは何でしたか？

S：お金とは何ですか？

R：お金とは何ですか？あなたにとってお金って何？答えを。

S：私の最初の答えは、パワー、次は可動性（mobility）、そして3つ目が成長。

R：いいでしょう。そのうちのどれが真実？

S：パワーです。

R：本当に？

S：パワーです。完全なる真実です。

R：それは本当？お金がパワーだと思う？あなたはお金を持ってる？

S：いいえ

R：ということは、あなたにはパワーがない？

S：その通りです。

R：そう感じるの？無力だと？その無力さをどこで感じる？

S：あなたが、そういう風に言ったとき、まさにこの、みぞおちで感じました。

R：はい、ではどうする？それを変えてみて。

S：でも、お金を感じると、それを心で感じ、何かをしなくてはならないとき、私は・・・

R：はい。これがパワーについてだから、パワーに関する問題をみぞおちで感じるのです。あなたは、自分のパワーを明け渡し、そのように手放した。その流れを蓄えておかなければならなくなっている。パワーとはあなたのもの。あなたはパワーです。パワーは創造するんじゃない、あなたがパワーなんだ。そこで感じる？それを変えると、もう一度拡張しはじめるでしょう。頭にいかないで、そのことを考えず、感じるんだ！そう、その通り。そのパワーを外側に向けて出して。

では、それはどういう意味？皆さんにとっての現実では、パワーとしてのお金を手にして、それを引き入れていると感じると、あなたはパワーを創造しようとしているのです。それは、「自分には何もない」と既に見なしていることになります。基盤となっている思い込みです。あなたが行き詰まりを感じるもの全てには真実があり、偽りが張り付いています。

S：それ、もう一度言って頂けますか？

R：パワーに関して行き詰っているもののこと？

S：はい。

R：パワーが自分に入って来るのを感じたら、既に自分にはパワーがないと見なしているということ。そう思い込んでいる。そうなると、どうなるか？あなたを衰えさせるんだ。思い込みから創造しないで、お金がパワーだという思い込みから創造しないで。感じてみて。パワーとしてのお金を。それは固体化している？それとも、ただの面白い見方？あなたがお金をパワーにしているのです。もしお金がパワーなら、そのエネルギーを感じてみて。それは固体ですね？固体性のエネルギーとしてあなたは機能できる？できないよね。だって、それは自分が住む箱を自分で作って、皆、今この瞬間も自分を閉じ込める場所なんだもの。お金がパワーだという考えだとね。では、次の答えは？

S：私の次の答えは、可動性でした。

R：可動性？

S：はい。

R：お金があれば、自分は動くことができるということね？

S：はい。

R：本当に？あなたはお金を持ってないけど、ペンシルバニアからニューヨークま

で何とかして来たよね。

S：えっと、そういう風に言われると・・・

R：そうじゃないの？

S：そうです。

R：ここでは、あなたを既に変えたエネルギーをどれくらい得ましたか？

S：おぉ、ここにたどり着くまでのエネルギーよりも、格段に沢山のエネルギーです。そういう意味でしたか？

R：はい。面白い見方ではありませんか？では、どちらの方向に流していますか？出て行く方が多い？入って来る方が多い？

S：その見方では、入って来る方が多いです。

R：そうですか。でも分かりますか、あなたは「自分自身を小さく、価値のないものにしてしまうのは、エネルギーを得るからだ」と常に感じている。でも、あなたはお金が入って来ることのできる、入って来ることのできるエネルギーとしてお金を見ていない。あなたは大きな歓びと共にエネルギーを許容しますね？

S：はい。

R：エネルギーに満ちた大きな歓びになった？

S：はい。

R：言い換えると、それは豊かさ/栄光（glory）です。では、そのエネルギーの豊かさ/栄光を感じてください。この数日で体験したエネルギーを。感じますか？

S：はい。

R：その全てをお金に変えて下さい。ワオ、なんという突風なんだ！

S：（笑）

R：ではこれから残りの人生で、今のエネルギーを自分の人生に存在させないのは、どうしてですか？だって、自分に受け取らせることをしたくないから。だって、そこにある思い込みは、「私には必要」だからだ。必要ってどのように感じる？

S：心地良いものではありません。

R：固体のような感じでしょ？それが、あなたの箱の蓋です。「必要」とは言葉の中で最も汚いものです。投げ捨てましょう！では今、紙に書いてください。別の紙にね。「必要」と書いて！本からちぎって、ちぎってしまって！ではゴミはポケットに入れてね。そうでなければ、D（別の生徒）が大変なことになっちゃうから。（笑）いいでしょう！どう感じる？

S：いい感じです。

R：気持ちいいよね？はい、では「必要」という言葉を使う度に、それがあなたの語彙から消えるまで、紙に書き出して破ってちぎってください。

S：質問しても良いですか？

R：はい、質問ですか？

S：はい、少し・・・先ほど説明されていたとき、パワー、エネルギー、アウェアネスという言葉は互いに置き換えられないものだと思ったのですが。

R：そうでもありません。そうした言葉に意味付けをすると、固体化してしまうのです。エネルギーが流れるようにしていなければなりません。パワーはエネルギーであり、アウェアネスはエネルギーです。それは完全に確実で、疑いなく、条件の無い叡智です。「来週には１００万ドルを自分は手にするんだ」と思っても、自分の中の小さな声が「賭ける？」とか、「どうやってそれをやるの？」とか「オーマイゴッド！自分がこんな宣言したなんて信じられない！」など、こういう風に言うのが聞こえると、「自分が創り上げた時系列ではそれが起こらない」と、あなたは既に自分の意図と逆のことを意図します。それはコントロールの問題です。

「銀行に１００万ドルあったらいいのになあ」と言うとき、自分はそうするのだと知っているのであって、そこに時間は乗せません。だって自分の思考プロセスを監視するコントロールをあなたは手にしているから。逆の意図を持つ思考が出て来る度に、「ああ、面白い見方だ」と思い、それを消すと、ずっと速く現実になります。一方で思考が浮かぶ度に、それを消さないでいると、その思考が存在しなくなるまでの時間を伸ばすことになるのです。

そうした思考は創造を少しずつ削り取っていってしまうんだ。これを基盤の話で見ていくとして、ゴルフのティーがあるとしよう。それで、１００万ドルに関する自分のアイディアをこの先に乗せて行くわけだ。自分が創造すると決めたものに関して何かネガティブなことを口にするたび、考えるたびに、これがひっくり返って倒れてしまうまで、あなたはこの基盤を少しずつ削り取っていく。すると、もう存在しなくなる。するともう一度立て直して、また決めて、でもまた再び、繰り返し削り取っていくんだ。ここで大切なバランスは、自分がビジョンとして描いたものは現実として創造できるということ、そしてそれは、ある意味既に存在している、ということ。いずれあなたは、あなたの時間軸で自分が創造したものに追いつくでしょう。そのときにだけ、それがあなたの手に入り、あなたはそれを手にすることが

でき、それがあなたのものになるのです。いいでしょう。2つ目の答えに戻ります。可動性でしたね。可動性とは？体をあちこちに動かすこと？

S：はい、そういう意味でした。

R：体をあちこち動かすという意味？それとも、自由という意味？

S：えっと、両方です。

R：両方？

S：はい。

R：そうですね、繰り返しますが、ここでの思い込みは、「自分はそれを持っていない」ということ。人生に切望するものをあなたに受け取らせなくしているのは、あなた自身の思い込みであり、ネガティブな視点なのです。そこに着目してください。「私には自由が必要だ、私は自由を切望する」と言うと、自分には自由がないという視点を自動的に自分で創り出すのです。それは、パワーでもなく、アウェアネスでもなく、コントロールでもなく、創造性でもありません。まぁ、ある意味、創造性ではあるけれど。あなたがそれを創造し、自分自身を機能させる現実に仕立て上げました。コンシャスネスとは、あなたが自分の人生を創造するプロセスであり、それは思い込みから創造するのではありません。思い込みからは機能できません。そこには少しの韻しかありません。自分自身の詩を書く時なのです。いいでしょう。3つ目の答えを。

S：3つ目は、まあ、成長です。

R：おぉ、この20年間成長していないということ？

S：えっと、成長とは、私は色々な場所へ行けるようになる必要があるという考えがあって・・・

R：何って言った？

S：行けるようになりたい・・・

R：何って言った？

S：私は、〜したい、と。あぁ「必要がある」と言いました。

R：そうです、書き出して、破って。（笑）小さくちぎったほうがいいよ。

S：そうですね、そう思います。そうなんです、何か自分が学べたり、ワクワクしたりするようなワークショップがあると聞いたときに、いろんな場所に行けるようになりたいのです。

R：面白い見方だ。あなたが機能している、自動的な見方、思い込みとは何だと思う？それは、自分にはそのための金銭的余裕がない、ということ。自分には十分な

34

お金がない、ということ。自分のエネルギーを感じてみて。自分のエネルギーを感じてみて、どんな風に感じる？

S：今とても拡張しているのを感じます。

R：いいでしょう。でもそれを言うとき、どう感じる？

S：私が言うとき？

R：そう、自分には十分なお金がないと見なしているとき。

S：ああ、それは、小さくなる感じ、この感覚は・・・

R：いいですね。では、その場所から今後も機能する必要がありますか？

S：そうでないことを願います。

R：そうでないことを願う？面白い見方だ。

S：確かにそうですね。

R：コンシャスネスです、コンシャスネス。そのように感じたら毎回、目を覚ましなさい！！それを感じるときは、あなたは本来のあなたとして存在していません。あなたは、パワーではないし、アウェアネスでもない、コントロールでも、創造性でも、お金でもない。いいでしょう。他の方、自分にとってのお金が何であるか、という視点を共有してくれる人。自分が思い込んでいる視点についてクリアにしたい方。

S：はい。

R：どうぞ？

S：私の最初の答えは、宇宙の燃料でした。

R：宇宙の燃料？それは、あなたが本当に信じているもの？その背後にある思い込みは何？自分には宇宙の燃料が無いということ？この背景にある思い込みは、自分には宇宙の燃料が無いということ。つまりは、自分は宇宙と繋がっておらず、自分はアウェアネスではないということ。これらは真実ですか？

S：いいえ。

R：違う、真実ではないよね。だから、その思い込みから機能しないでください、実際の現実から機能してください。あなたには、たっぷりと、たっぷりと豊富な宇宙の燃料があります。そうです、そんな感じ。分かりましたか？他に聞いてみたい他の見方はありますか？

S：はい、生き延びること(survival)を容易にするクッション。

R：ああ、とても面白い見方だ。たぶん他にも６、７人同じような見方をしていた人がいるようです。では、そこであなたが機能している思い込みとは？その見方に

は、実は３つあります。見つめてみて、何が見える？そこであなたが思い込んで前提にしていることは？第一に、あなたは自分が生き延びる、あるいは、生き延びなければならない、と感じている。あなたは何十億歳ですか？

S：6

R：少なくともね。では、あなたは既に６０億年生き延びて来て、その間の人生の中で何回、クッションを持っていた？（笑）どう？

S：全部です。

R：あなたはこれまでの人生の全てにおいて、お金というクッションを持っていた。生き延びることを容易にするクッション？

S：はい。

R：生き延びることについて話すとき、あなたは自分の体についての話をしています。あなたは自分が体であると思い込んでおり、お金でしか生き延びることができないと思っている。呼吸を止めて、みぞおちにエネルギーを吸い込んで下さい。そのために大量の空気を吸い込まないように。吸い込まなくてはと感じる前に、３、４呼吸ほどのエネルギーを吸い込めること、そして体がエネルギーに満たされることに着目してください。そう、そんな風に。では吸い込んで、空気を吸い込む様にしてエネルギーを吸い込んでください。あなたはこうして、エネルギーやお金になるのです。あなたは毎回呼吸する度にエネルギーを吸い込んでいます。呼吸をする度に、お金を吸い込んでいます。あなたとお金の間に違いはありません。いいでしょう。分かりました？説明になりましたか？

S：私が分かったか、ですか？

R：人がどのように機能するか、そして、自分が思い込みとして持っているものを今理解していますか？

S：はい。

R：いいでしょう。それはまだこれ以上必要ですか？

S：いいえ。

R：よかった。ではそれをどうしたらよいか？変えるのです。こうしたものは全て変えられるのです。思い込みを取り除いて、パワーとして、エネルギーとして、コントロールとして、創造性として、お金としての新しい見方を創造するのです。どんな新しい見方が出てきましたか？

S：私はパワーである、私はエネルギーであるという見方です。

R：その通り。あなたはそうなんですよね？そしてこれまでもずっとそうだった？

なんて面白い見方だ。いいでしょう。では、次の問いに行きましょう。答えたい方は？

S：彼のクッションに3つの思い込みがあるとおっしゃいましたね？

R：はい。

S：1つしか出てきませんでしたよね？

R：2つです。

S：2つ？生き残らなければならない。

R：私は生き残るだろう、私は生き残らなければならない、私は生き残ることができない。

S：オーケー

R：そして3つ目は何でしょう？考えてみて。私は生き残りたくない、です。口にはされない見方です。

第2章

あなたにとってお金とはどんな意味がある？

ラスプーチン（R）： 二つ目の問いを読んで、答えて下さい。

生徒（S）： あなたにとってお金はどんな意味がある？

R： 最初の答えは？

S： 安全

R： 安全だね。お金はどう安全なの？

S： もしお金を持っていれば、それは、現在と未来を保証していることになります。

R： 面白い見方だね。それは真実であり、現実？銀行にお金を持っていて、銀行が倒産したら、安全だろうか？もしお金を家に持っていて、保険の支払いを忘れた日に家が火事になったとしたら、それは安全だろうか？

S： いいえ。

R： あなたが手にしている唯一の安全とは、お金から創造されるものではない。それは、存在として、魂として、そして、光としてのあなたの真実の中にある。あなたは、エネルギーとしてのパワーです。パワーとして、エネルギーとして存在することで、あなたは唯一そこに存在する本物の安全を手にします。もしカリフォルニアに住んでいたのなら、安全なんてないことを知っているでしょう。だって、地震が起これば足の下にあるものが全て動くのだから。でもここ、東海岸では、地面とは安全なものだと皆思っている。本当はそうではないのにね。世界は固体化した場所ではなく、エネルギーだというのはそういう意味です。これらの壁は固体でしょうか？科学者でさえ、ノーと言うでしょう。それは、分子の動きがもっとゆっくりでしかないので、固体のように見えているからです。

あなたは固体ですか？安全ですか？いいえ、あなたは、自分が創造してきたいくつもの分子と分子の間にあるスペースであり、固体としての見た目を持って形成されています。それは安全ですか？もしあなたが、お金に安全であることができれば、死ぬ時に一緒に持っていけるでしょうか？新しい体を獲得して、戻って来て、来世にそのお金を得られるでしょうか？ですから、あなたがお金で買うことができるのは、本当に安全ですか？それは本当の安全を意味しますか？もしくは、あなたが身

につけて来た見方や、他者から取り入れて来た見方でしかないのでしょうか？自分の人生をどのように創造するか、といったことに関して。

Ｓ：ということは、お金を考えたら、それを創造することができる、とおっしゃっているのですか？

Ｒ：そうです。考えたら、ではなく、お金になれば、の話です！

Ｓ：どうやってお金になるのでしょう？

Ｒ：まず、人生のビジョンを持っていなければなりません。「私は創造性」と言うことによってビジョンを手にします。あなたは、ビジョンとしての創造性です。あなたは、「私はパワー」なのです。エネルギーとしてね。そしてあなたは、「私はアウェアネス」であり、世界に目を向けるとき、それがどうなるか、的確に知っています。そして、「私はコントロール」です。それは、あなたがどのようにしてそこにたどり着いたか、という特定の結果を期待するものではありません。もしあなたが、あなた自身のパワーを保ち、アウェアネスを保ちながら、自分の行動と一致させることができれば、ユニバースが歯車を動かし、あなたにビジョンをもたらすでしょう。そして、それら４つの要素が整えば、あなたは、「私はお金」という状態になることができます。

そして、これを使うこともできるのですよ。「私はパワーである。私はアウェアネスである。私はコントロールである。私は創造性である。私はお金である。」を毎朝、毎晩言って、あなたがお金になるまで、創造性になるまで、アウェアネスになるまで、コントロールになるまで、パワーになるまで、言い続けます。こうしてお金になるのです。「私は」の部分が重要です。なぜなら、そのようにして、今あなたは自分自身を創造しているからです。分かりますか。「私はお金を得ることで、安全を得ている」という見方から自分自身を創造しているのなら、それはどういうことでしょうか？それは、時系列であり、未来性ですか？どうですか？

Ｓ：そうですね。

Ｒ：ということは、それに達成できるということははい、ということです。

Ｓ：常に、自分という存在が今ここにある必要があるのですか・・・

Ｒ：そうです！「私は」という言葉が、常にあなたを今ここに持って来ます。では、お金に関してあなたが持っている見方には、他にどのようなものがあるでしょうか？あなたにとってお金とはどのような意味がありますか？

Ｓ：そうですね、安全というのがメインのものでした。だって、他の２つが家と未来でしたから。でも、安全を得ていれば、私の家も保証され、未来も保証されてい

るわけだから、ということは・・・

R：本当に？それは本当に真実ですか？

S：いえいえいえ。違います。私が安全を一番必要としていると言ったときに、あなたが助けてくださったことは理解しています。

R：ええ、それはよかった。

S：「私は」という部分は理解したのです。

R：はい、どなたか他の方で、自分の見方を明確にしたい人はいますか？

S：幸せ

R：幸せね。お金が幸せを買ってくれるってこと？

S：そう思います

R：そうですか、今所持金はありますか？

S：あまりありません。

R：幸せですか？

S：ええ

R：ということは、お金がその幸せを買ったわけではないですよね？

S：そういうわけではないです。

R：その通り。あなたが幸せを創造し、あなたが、自分の人生における喜びを創造するのです。お金が創造するのではありません。お金はあなたに幸せを買って与えません。ですが、「お金が幸せを買う」という見方をしていると、お金がない場合はどうやって幸せを買えるというのでしょう？そして、その後に来るジャッジメント（評価・判断）とは、「私は幸せになるのに十分なお金を持っていない」です。たとえお金をもっと得たとしても、幸せになるのに十分なお金を持てないのです。これがポイントだということが分かりますか？これについて、どう感じますか？

S：私は、お金がなくてもいつも幸せなのですが、木曜日に人におごってあげないといけない、と思ったり、自分にはお金が全くないと思うと、気分が落ち込みがちになります。

R：ああ！そこです。核心に入ろうとしています。時間という核心に。あなたは、お金をどのように創造していますか？

S：仕事して、働くことで。

R：それは面白い見方ですね。働くことによってしか、受け取れないということ？

S：私がこれまでに体験してきているのは、そうです。

R：では、どちらの見方が先にやってきますか？お金を得るためには働かなければ

ならないという考えなのか、あるいは、その体験そのものなのか。

S：考えです。

R：そうですね。あなたがその考えを創造しました。違いますか？

S：そうです。

R：ですから、その原因はあなたにあります。あなたは、自分の思考パターンとそっくりな世界を創り出してきています。脳みそは投げ捨てて下さい。あなたの邪魔になっています！思考を働かせると、お金持ちにはなれず、限られた状態でしか成長できません。邪魔になるような思考プロセスがあると、あなた自身が消え衰え始め、何を達成するか、何を獲得するかといったことに対して、自分に制限を与えます。あなたはいつでも幸せを創り出すことができるのです。そうではありませんか？

S：そうです。

R：邪魔になっていたのは、請求書でしかなかった、ということですね？

S：はい。

R：だって、あなたが行うことは、お金のビジョンや自分の人生がどうなるかというビジョンを考えることですね？

S：はい。

R：そうであれば、今そのビジョンを手に入れて下さい。どのように感じますか？軽いですか重いですか？

R：その軽さの中に自分がいるとき、借りがあるお金は全て清算できるということがわかりますか？

S：もう一度言って頂けますか。

R：その軽やかさの中では、借りがあるお金は全て清算できるということが、アウェアネス（気づき）として感じられますか？

S：はい。

R：それを感じられますか？それに関する絶対的なアウェアネスと確信を得ていますか？

S：借りがある人全員に支払わなければならないと。

R：違う、違います。しなければならないのではなく、あなたはそうするのです。

S：ええ、私はそうすると思います。

R：ああ、面白い見方ですね。「私はそうすると思う」自分は支払うだろうと思っているとき、支払うことに対して、切望していますか？抵抗していますか？

Ｓ：抵抗しています。

Ｒ：そうですね、抵抗しています。支払いに対して抵抗しているのですか？抵抗の目的は何でしょう？

Ｓ：言えませんでした。

Ｒ：支払いをしたくない、ことの奥にある見方はどのようなものでしょうか？十分なお金があれば、支払いますか？

Ｓ：はい。

Ｒ：では、まだ表現されていない、根本にある、あなたの見方とはどういったものでしょうか？

Ｓ：私はお金のことを心配している、お金を払いたくない。

Ｒ：自分は十分なお金を得ることがない、ですね？

Ｓ：はい。

Ｒ：そうです、それが表現されていなかった見方です。あなたを問題に巻き込むのはその見方です。なぜなら、それが創り出している場所だからです、全く十分でない、という見方から創り出しているのです。「十分にない」というところから、現実に創り出してきましたか？

Ｓ：はい。

Ｒ：それは、あなたが自分を機能させていきたい場所ですか？

Ｓ：おっしゃる意味がよく理解できません。

Ｒ：「十分にない」というところから、自分を機能させることが好きですか？

Ｓ：はい。

Ｒ：では、「十分にない」を選ぶことの価値は何でしょう？

Ｓ：価値は何もありません。

Ｒ：あるはずです。そうでなければ、そのような選択をしなかったでしょう。

Ｓ：そういった恐れは皆が持っているものではないのですか？

Ｒ：はい、「十分にない」「なくなってしまう」という恐れは、あなた方、皆持っています。そして皆さんは「そこには十分ない」と確信をもったところから機能しています。だから安全を求め、だから幸せを求め、だから家を求め、未来を求めるのです。現実では、これまでにあなたが手にしてきた未来の全てをあなた自身が創り出してきました。一つひとつの過去、現在、未来を創造しているのは、あなたです。そして、まさに自分が考えた通りに現実を創り出しているという点では、あなたの仕事ぶりは完璧です。「十分でない」と考えているのなら、あなたは何を創り出し

ているのでしょう？

S：十分でない。

R：その通り。ですから、十分になることはないのです。では、これまでの素晴らしい仕事ぶりを祝福しましょう。「十分でない」を創り出すにあたり、完璧なほど素晴らしい仕事をしてきました。おめでとう、あなたは、とても素晴らしく、栄光と豊かさに満ちた創造主です。

S：何も創り出していません。

R：いやいや、何かを創り出してきたはずですよ。借金を創造してきましたね？

S：ああ、わかりました。その通りです。

R：借金を創造することにおいては、とても上手くやってきました。「十分にない」という状態も上手く創り出してきましたし、食べるもの、着るものを創り出してきた、という意味でも、あなたは上手くやってきましたよね。ですから、そうしたものを創造する、という素晴らしい仕事をしてきたのです。では、あなたが創造の基盤にしていないのは、どんな見方ですか？制限のない見方です、制限の無い見方。

S：そこに行き着くには、沢山の練習や実践が必要ではありませんか？

R：いいえ、練習や実践など必要ありません。

S：本当に？常に、ただそれをやるだけですか？

R：そうです。「私は創造性」つまり、あなたの人生のビジョンに「なる」だけで良いのです。どんな人生にしたいですか？自分が選択するものなら何でも創り出せるとしたらどうでしょう？ミリオネアーになりますか？あるいは、貧乏になりますか？

S：ミリオネアー

R：貧乏よりミリオネアーの方が良いとどうして分かるのですか？もしミリオネアーになったら、誰かがやってきて、あなたのお金を全て盗んでいくかもしれない。もし貧乏だったら、誰もお金を盗みには来ないでしょう。ミリオネアーになることを望みますか？どういった目的で？どうしてミリオネアーになりたいと思うのですか？ミリオネアーになること、ミリオネアーであることの価値にはどういったものがありますか？ミリオネアーになるというのは、良いアイディアのように思えますが、そう思えるだけ、ですよね？

S：ええ、いいアイディアだと思います。

R：良いアイディアですか、オーケー。では、ちょっと面白いことをやってみましょう。目を閉じて、１００ドル札を手にしている自分をイメージしてください。で

は、それを細かく破いて、捨てましょう。ああ、心が痛みますね。

全員：笑

R：１０００ドルをイメージして、それを破いて捨てましょう。もっと心が痛みますね。どうですか？

S：はい。

R：では、１万ドルを燃やしましょう。暖炉に捨てて下さい。面白いですね、１万ドルを暖炉に捨てるのは、それほど大変ではなかったのでは？では、１０万ドルを暖炉に捨てましょう。では、１００万ドルを暖炉に。次に、１０００万ドルを暖炉に。次に、１０００万ドルになってください。暖炉の中に１０００万ドルを入れるのと、１０００万ドルになることの違いには、何がありましたか？

S：ずっとやりやすくなりました。

R：なるほど。ではどうして、いつも暖炉に自分の金を全て捨てていたのですか？

全員：笑

R：あなたはいつも、自分のお金を捨てて、幸せになろうとしてお金を使い、生き残ろうとしてお金を使います。あなたは自分がお金であると感じ、お金であろうとするほどまでに、多くを創造することを自分に許容していません。自分から進んでお金になるということは１００万ドルだったり、１０００万ドルになるということです。そうなるには、お金もエネルギーでしかないので、あなたが意味付けしない限り、そこに本物の意味は存在しません。それを重要なものとして意味付けすると、それを重くします。意義のあることであれば、それが固体化し、自分を罠にはめることになります。あなたの世界を表す箱は、あなた自分で制限を創り出す元となる制限要因です。より大きい箱を持っているからといって、それが箱ではないという訳ではないのです。同様に箱なのです。意味がわかりますか。

S：はい。

R：その意味を気に入りましたか？

S：はい。

R：よかった。

S：まだ難しいですが。（笑）

R：それは面白い見方ですね。お金になるのは難しい？

S：はい。

R：では、その見方をみていきましょう。その見方からあなたは何を創造していますか？

S：分かっています。私は、物事を制限しています。

R：はい、難しく、固体化し、リアルにしていますね。それをやるのが上手いですね。おめでとう、あなたは素晴らしい栄光と豊かさに満ちた創造主です。

S：「私は」という魔法の言葉ですが・・・

R：私はお金、私はパワー、私は創造性、私はコントロール、私はアウェアネス。では、もっと説明してほしいという見方を持っている人はいますか？

S：お金のために働かずに、それが実現できるのですか？

R：お金のために働かずに、実現できます。ここには、とても面白い制限が二つあります。まず、あなたはどうやってお金を作りますか？裏庭に印刷機を持っているのですか？

S：いいえ。

R：お金のために働かずに、ということですが、あなたにとっての仕事とは？

S：給料

R：仕事は給料ですか？

S：そうです

R：家に座って、それを集めるのですか？

S：いいえ、仕事に行きます。

R：違う、あなたにとっての仕事とは、やらなければならないことですね。仕事と言う言葉を感じて下さい。感じて。どのように感じる？軽く、空気のように感じる？

S：いいえ。

R：クソみたいに感じるんだよね？（笑）仕事、水晶玉を覗き込むことは仕事？

S：いいえ。

R：あなたが、お金を全く作っていないのは、不思議じゃないね。仕事として自分が何をやっているのかが見えていないでしょう？

S：自分が本当は何をやっているのかがまだわかっていません。

R：面白い見方だ。「私はアウェアネス」でありながら、自分がやっていることが分からないとは、どういうことだろう？この水面下にはどんな前提があるのだろう？あなたが自分自身を機能させている、水面下にある見方とは？それは、「私は恐れている」？

S：いいえ、理解できていません。

R：何を理解できていないというの？自分の能力を疑っているのなら、変化はできないよ。そうでしょ？

S：私が疑っているのはそれではありません。私が理解していないのは、自分に見えているものが分からないということです。

R：なるほど。では、マインド（自動的な思考）を緩めて、自分のガイドと繋がり、サイキック・リーディングと水晶玉にガイドしてもらってください。あなたは、思考の視点から考え抜こうとしたり、解き明かそうとしています。あなたは思考マシーンではありません、あなたはサイキックです。サイキックは、何もせず、ただそこにいて、イメージが出て来るのを待ち、自分のマインドを緩めて、自分の口を緩めて、流れるままに任せています。あなたはそうできますか？

S：はい、やります。

R：物事が起きるままに委ねられるときは、緩めることが上手く出来ています。その方程式にマインドを介入させるときだけ、障害や無能さを自分で創り出しています。あなたにとっての不幸な部分は、自分が「本当は知っていること」を信頼していないということです。「無限の存在としての自分には、宇宙における全ての叡智へのアクセスがある」ということを自分で認めていません。そして、あなたは、宇宙コンシャスネスが覚醒するためのパイプライン以外の何者でもないということ。実際には、あなたは恐れに生きています。成功への恐れ、自分が持つパワーへの恐れ、自分の能力への恐れ。そして、みなさん一人ひとりの中の恐れの奥には怒りがあります。強烈な怒りと激情。誰に対して激怒しているのですか？自分自身に対して、です。今のように制限された存在であることを選び、選択している自分に対して憤りを抱いています。本当は、神の力と言えるほど偉大なのに、そこに歩みを進めず、あたかも、身体が自分の甲羅かのように、自分の身体と同じサイズにまで自分を制限するところから機能している自分に強い怒りを感じています。恐れない状態、怒りのない状態になり、でも同時に、自分が創造できる能力に対して壮大で輝かしい好奇心を持ちながら、自分を拡大させて、そこから離れなさい。創造性はビジョンです。あなたにはビジョンがありますか？

S：はい。

R：アウェアネス（気づき）としての叡智、あなたが既に知っていること。叡智とは、自分が自分のパワーに繋がっているという確信です。あなたにはそれがありますか？

S：はい。

R：そしてコントロール。それを宇宙の力に進んで引き渡ししますか？

S：そのやり方が分かれば。

R：やり方を学ぶ必要はありません。「私はコントロール」であれば良いのです。そ
れは、自分の外側を見ることであり、持てるものではありません。「やり方を学ぶ」
というのは、衰弱を創造する方法であり、自分の達成の計算を時間の価値に付け加
えるということです。時間があたかも本当に存在するかのようにして。未来に存在
する全て、過去、今に存在する全てをあなたは知っています。もし自分を動かすの
なら　「もし学べば」に表される、Ａ地点からＢ地点にたどり着く方法を探りたい
というニーズを手放して、「私はコントロール」という視点から、自分を動かす必
要があります。それがＡ地点からＢ地点に行くということです。あなたは、自分
をないがしろにすることで、そのＡ地点からＢ地点に行くという過程と自分の運
命をコントロールしようとしています。そうそた場所からは達成にたどり着けませ
ん。分かりますか？

S：はい。

R：自分の怒りを見つめたいですか？

S：はい。

R：では見て下さい。どう感じますか？

S：間違っている

R：それはどこで感じますか？身体のどの部分で？

S：胸で

R：では、それを取り出し、自分の目の前に、胸の前から約９０センチほど前に押
し出してください。外に押し出して。いいでしょう。どんな感じですか？重い？そ
れとも軽い？

S：あまり重くは感じません

R：でも、それはあなたから９０センチはなれていますか？どう？それがあなたの
怒りです。それはリアルですか？

S：はい。

R：そうなの？面白い視点だね。それは面白い視点でしかないんだ。実際の現実で
はない。あなたがそれを創り出したのです。自分の全ての感情を創り出しているの
はあなたです。あなたは自分の人生の創造主であり、自分にとって起こる全てのも
のの創造主です。創り出し、その計算の中に時間を入れなければならないのなら、
１０秒ごとの時間軸にしてください。では、選択肢を与えましょう。残りの人生が
１０秒間で、もうすぐ虎に食べられてしまいます。何を選びますか？

S：（返答なし）

R：時間オーバーです。あなたの人生は終わりました。残りの人生が１０秒だとしたら、何を選びますか？サイキック能力を使って予言者になること？ならないこと？選ばなければ、人生は終わりです。残りの人生が１０秒だとしたら、何を選びますか？

S：なること。

R：はい、なることね、何かを選んでください。１０秒毎に積み重ねる人生で選ぶときには、自分の人生を創造し、あなたがそうであるように、サイキックであることを選び、水晶玉を読むことを選んで下さい。今、水晶玉を見つめる必要があるなら、それを見つめて、この１０秒の間にイメージを得て、それが何か答えられますか？

S：はい。

R：そう、できますね。では、その人生がおわりました。次に１０秒の人生があります、何を選びますか？イメージか水晶玉か、話すことか、選択肢がないのか？

S：イメージと水晶玉

R：いいでしょう。それを選んでください。毎回やるたびに。１０秒毎に新たに選び、新たに選び、進んで下さい。１０毎の積み重ねで人生を創造するのです。１０秒毎以外の他から人生を創造すると、未来への期待から創造することになり、それは実現することはないものです。あるいは、同じ視点を維持すれば、何かあたらしいものを創り出すだろうと考えながら。実体験に基づいた過去の衰弱した状態から人生を創造します。自分の人生に同じようなものが出て来ることを不思議に思ったことはありませんか？新しいことを何も選んでいないのでは？そうでしょ？一瞬、一瞬ごとに、「私は十分持っていない、仕事をしたくない」を選んでいるのです。では、普段使う語彙から取り除くと良い言葉をいくつかお勧めしましょう。自分の語彙から消去すべき、５つの言葉があります。ひとつめは、「want/欲しい」と言う言葉。「欲しい」には、「不足している」を意味する２７の定義があります。英語という言語には、「欲しい」と言う言葉が「不足している」という意味を示していた歴史が何千年もあり、今回の人生だけではなく、あなたが英語を話していた人生が他にもありました。そして、この人生では、「want/欲しい」と言う言葉を、あたかも欲求を創り出すつもりで使っていたことは何年ありましたか？真実では、何を創り出してきたのでしょう？欲しい、不足。あなたは不足を創り出してきました。ですから、あなたは素晴らしく栄光と豊かさに溢れた創造主なのです。自分を祝福しましょう。

48

S：笑

R：2つ目は「need/必要」、「need/必要」とは？

S：欠乏

R：「自分は所有できない・持てない」と思うことによって、自分を衰弱させることです。必要とするなら、何も所有する・持つことはできません。そして、「need/必要」の後には、いつも欲がついてまわります。なぜなら、それを得ようとするからです。そして3つ目に私たちは「try/〜しようとする」に辿り着きます。「try/〜しようとする」は、決して到達しないことを意味します。「try/〜しようとする」は、何も選択しないことであり、「try/〜しようとする」は、何もしていないことと同じです。4つめは「why/なぜ」。この「why/なぜ」は、常に分かれ道であり、いつも人は振り出しに戻ってしまいます。

S：よくわかりません。

R：2歳児の話を聞けば、分かるでしょう。

S：笑。答えにたどり着かないとうことですね。

R：5つめは「but/でも」。この「but/でも」を使うときには、それまで言っていたこととは、反対のことを言いますね。「行きたいけど、お金が出せない」いいですか。「need/必要」にはならないでください。「I need/私は〜が必要だ」は、「I don't have/私は所有していない・持っていない」と言っているのと同じです。「I want/私は〜が欲しい」は、「I lack/私には〜が足りない」と言っているようなものです。「I try/私は〜をしようとする」は、「I don't /私はしない」であり、「I but/私は、でも」については、もう分かりますね？では、次の質問。

49

第3章
お金を考えたときに、あなたが感じる3つの感情とは？

ラスプーチン：では、次の質問を共有してくれる人は？

生徒：3番目の質問ですか？

R：そうです、3番目の質問。

S：お金に関して持っている3つの感情は？

R：どんな3つの感情、そうです。お金に関して、どんな感情を持っていますか？3つ挙げて下さい。

S：うーん。

R：お金を考えたときに出て来る感情を3つ

S：最初に出て来たのは、自分ではあまり気に入らないのですが、恐れでした。

R：恐れ？わかりました。お金について恐れの感情を抱くということは、どんな見方を持っているに違いないと考えられますか？

S：そうですね、私は違う風に解釈しました。私は、お金がない状態を恐れているのです。つまり・・・

R：はい、だから、その感情がそこにあるわけです。お金がないことを恐れるのは、そこにある前提というものが・・・。

S：「私はお金が必要だ」

R：書いて下さい。

S：そして、破るのですよね。

R：書いて、破って下さい。

S：ひどい質問をします。

R：オーケー。

S：お店に行くと、私がお店から物を奪ってしまうので、彼らは、見返りとしての何かを必要として、欲しがるのです。（笑）

R：欲しがる、欲しがる、欲しがるってどんなこと？

S：笑

R：彼らは欠乏している、そうです。欲しいということは、欠乏を意味します。こ

れも、自分の中から消去しなければならない汚い言葉です。でも、何のためにその
お店へ行くの？

S：食料です。

R：なるほど。食べ物のためにお店に行くのですね。自分は食べる必要があると思
わせるのは何？

S：冗談ですよね。食べる必要があることは知っています。

R：必要？もう一度書いて。

S：「欲しい」

R：それも書いて、捨て去って下さい。「need/必要とする」と「want/欲する」は
許容されません。

S：でも、お腹が減るでしょう。

R：本当に？自分の身体にエネルギーを引っ張って、あなたの全てにエネルギーを
入れるのです。はい、空腹を感じますか？いいえ。もっとエネルギーを食べて、食
べ物を減らしてみては？

S：しばらくの間であれば、それはとても良い方法です。体重も減るし。でも、辛
くなり始めます。（笑）

R：まさにそう。十分なエネルギーを得られれば、巨大な風船になるかも。

S：今、私の家で寝泊まりしている２人の友人を含め、友だちが来たときにはどう
するのですか？

R：彼らに食事を与える必要があると言ったのは誰？彼らがあなたに貢献できない
のはどうして？

S：貢献してくれています。

R：その恐れとは、自分は受け取れないという恐れです。その恐れとは、お金は一
方向にしか機能せず、自分から去ってしまう方向にしか機能しない、という恐れ。
恐れを感じるといつでも、あなたは「need/必要」と「greed/欲」を創り出します。

S：オーケー

S：「need/必要」とは、本当に恐れから生まれているのですか？先生。

R：そうです。恐れがあるから、恐れが「need/必要」と「greed/欲」をもたらす
のです。

S：本当に？

R：そうです。

S：なんてこった、まさにそうです。基本的な信念体系について、もう一つ今気づ

きました。あまり良くなかったこと。

R：受け取るのは良くないことだ。

S：沢山所有するのは良くないことだ。

R：受け取るのは良くないことだ。

S：そうです。あるいは、他者から受け取ること。

R：受け取ること。以上。

S：そうですね。

R：どこからでも受け取る。いいでしょう。もし、恐れがあるなら、受け取ることに気が進まない。なぜなら、自分は底なしの穴で、自分が住んでいるのは深く、暗い穴だと思っているから。もし、そうだとしたら？恐れとは、常にあなたにある穴であり、底のない場所です。恐れは、あなたを「need/必要」と「greed/欲」の状態にして、あなたはそのプロセスの中でバカになっていく。いいですか？

S：なるほど。

R：次の感情

S：より多くを切望（desire）する。

R：切望(desire)ね。はい。そうだ、切望(desire)ってどんなこと？もっともっとって、お尻を振ること？

S：（笑）最も素晴らしいことではないと知っていたけれど。

R：切望(desire)には、自動的に「もっと得るなくては」という感覚が付いてきます。見てみてください。「もっと得る」は、恐れと一緒にやって来る不足や不十分さ。

S：そうですね、ただもっとお金を得るだけではなくて、でも・・・

R：もっと得る。以上。お金は、あなたが体験している現実とは何の関係もありません。お金は、何もないこと、十分でないこと、欲しい、必要、切望、欲の現実に対してあなたが創り出しているというテーマにしかすぎないのです。そして、これは、ここに居る人全員にとっても同じです。この世界が機能しているのは、そういうところからなのです。

あなたが８０年代と呼ぶものに、素晴らしい例があります。この世界には真実がありました。あなたがお金は不可欠だと決め、お金は必需品だと皆が決めたその時から。なくてはならないもの。必需品とはどういったことでしょう？それ無しでは何もできない、生き残れないというものです。存在としてのあなたは、何百万回もの人生を生き抜き、思い出せないほどの、お金を手にして、お金を使い・・・どのよ

うにして使ったかも覚えていないのです。でも、あなたはまだここにいて、まだ生き残っています。ここにいる、一人ひとりが、これについてより理解できるところまでやって来ることができました。

お金は不可欠だという前提の元に自分を機能させないでください。不可欠なものではありません。お金は、あなたの呼吸であり、あなた自身です。あなたは全てにおいてお金です。そして、自分自身を不可欠なものではなく、お金として感じられるようになれば、自分を不可欠なものと感じなくなれば、あなたは拡張していきます。お金に関して、自分自身を不可欠なものとして感じていると、あなたは自分を消え衰えさせ、エネルギーとお金の流れを止めてしまうでしょう。では、３つめの感情は？

Ｓ：幸せ

Ｒ：ああ！今度は幸せ。どういう点で？お金を使う時の幸せ、ポケットにお金を持っている時の幸せ、お金がやって来ると分かった時の幸せ、それがお金だからという幸せ？１ドル札を見るだけで、幸せを感じられる？

Ｓ：いいえ。

Ｒ：お金のどの部分があなたに幸せをもたらしますか？

Ｓ：お金があれば、達成できることがあったり、可能なことがあると知っていること。

Ｒ：ということは、お金で幸せが買えると？

Ｓ：えっと、間違った言葉を使いました。その・・・

Ｒ：お金から幸せはどのようにしてやって来ますか？

Ｓ：必ずしもお金からやって来るというわけでは全くありません。

Ｒ：では、お金と関連づけて考えると、幸せについてどう思いますか？十分に持っているときは？沢山持っているときは？安全を感じるときは？

Ｓ：はい、安全です。

Ｒ：安全ね、面白い見方だ。

Ｓ：でも、安全なんてものはない。

Ｒ：そうだね、安全は存在します。安全というものはある。自分自身を知っているとき、アウェアネ人を得ているときには、安全というものが存在する。それが唯一の安全であり、あなたが唯一保証できる安全とは、あなたがこの人生を体験し、この体から立ち去るということ。そして、もし切望すれば、また戻って来て、この世界でより豊かな人になるチャンスを得るということ。しかし、幸せとは、あなたの

中にあります。あなたは幸せを手にしていて、あなた自身が幸せそのものです。それはお金から得るものではありません。幸せになるには、幸せである必要があります。ただそれだけ。悲しくなることを選ぶとき以外には、あなたは幸せでしょ？

S：その通りです。

R：どなたか、話してみたい感情はありますか？

S：そうですね、私は恐れについてもう少し話を深めたいです。

R：はい。

S：というのも、恐れという感情には、これまで多大な量のエネルギーを費やして来たからです。

R：はい。

S：そして恐れの後ろには、恐れの根底には、常に怒りがあります。

R：はい、まさにそうです。そして、あなたが本当に怒りを持っているのは何に対してですか？誰に怒っているのですか？

S：私自身です。

R：まさにそうですね。そうして、何について怒っているの？

S：むなしさを感じていること。

R：自分のパワーを手に入れていないということだね

S：そうです。

R：完全なる自分でいないということ。それを感じますか？

S：とても。

R：恐れや怒りを感じる場所を、自分の身体で感じてみて。

S：はい。

R：それを別の方向に向けてみて。今はどう感じますか？

S：ほっとします。

R：そうだね、こうして、恐れや怒りを取り除いて、自分のために空間を作るのです。というのも、自分自身を見つめると、あなたの宇宙の中には、恐れなんて存在しないからです。存在しますか？

S：いいえ。

R：あなたが表現できる唯一の怒りは、他人に向けられています。本物の怒りは、自分自身に対してであり、自分のエネルギーの真実を完全に取り入れて活用することを拒絶しているからです。そうなると、あなた本来の姿であるパワーになれますか？あなた本来のエネルギーになれますか？ですから、手放して下さい。それにし

がみつかないで。そうです。その調子。はぁ、ほっとしますね。

S：はい。

R：では、これも練習しなければなりません。いいですか？

S：はい。

R：あなたは、何十億年もの間継続して、この部屋にいる他の全員と同じように、自分にならないように、パワーにならないようにと自分自身を消え衰えさせてきました。自分への怒りを押しつぶすために、そうしてきたのです。面白いと思いませんか？自分自身への怒り。そして、自分に怒りを持っていない人はだれもいません。完全なる本来の姿であるパワーになることを自分自身に許容しないことに怒っています。まあ、これだけでいくつかは吹き飛ばしたようですね。いいでしょう。感情について話したい人は他にいますか？

S：もう一度、わたしの見方から、恐れについて話したいです。私が恐れの状態に陥ると、それは、締め付ける感覚や、閉じる感覚なのです。

R：それはどこで感じますか？

S：みぞおちです。

R：いいでしょう。それを小さく、小さくしてください。そうです、そんな風に。今はどう見えますか？

S：涙ぐんでいます。

R：いいでしょう。その涙の後ろには何がありますか？

S：怒り。

R：怒り。はい、そうです。あなたは、そこに絡み合っているものの中に留まっていますね。それを上手く隠していましたね？自分ではそう思っていた。いいでしょう。その怒りを出して。完全に出し切って。怒りを感じて、自分の中から怒りを出してください。そうです、そう。違いがわかりますか？拡張した感じ。感じますか？

S：はい、とてもいい気分がしました。

R：そうです。とてもいい気分です。それがあなたの真実です。体の外側になることで、体と繋がりながら拡張しています。これまでは、このような繋がり方をする能力を全く持たないでやっていたのです。怒りを手放しながら、感じて下さい。完全に自分自身とつながるという現実を。スピリチュアルな存在としてではなく、でも、自分自身の真実として。完全な中に、それを手放してください。そうです、そんな感じ。

S：そうします。わかりました。

R：感じていますね。それが、自分自身への信頼であり、パワーです。そうでなければ、自分を体から切り離すことしかありません。

S：これって、自分自身になっていくような感覚がします。

R：まさにそうです。完全につながり、完全にコンシャスネス（意識的）であり、完全なアウェアネス（気づいた状態）であり、コントロールでいることです。この場所からだと、コントロールはどのように感じられますか？

S：他のコントロールとは、全く違うように感じます。

R：そうです。もうひとつのものは、自分の怒りをコントロールしようとしていました。違いますか？

S：はい、そうだと思います。

R：究極的には、あなたは自分の怒りをコントロールしようとしています。なぜなら真実のところは、自分が輝くことをあなた自身が許容していないからです。内側には安らぎがあり、静けさがあり、壮麗さがあります。でも、あなたはそれを怒りの下へと押し込んでいました。自分の怒りが適切ではないと思っているので、自分自身を消え衰えさせます。そして、それをコントロールしようとして、自分の周囲にあるもの全てをコントロールしようとします。怒りを自分から隠すために。あなたが怒りを向けているのは、自分自身です。自分自身と心穏やかに向き合って下さい。そうです。そんなかんじ。感じますか？

S：はい。

R：そうです、その通り。それがあなたなのです。あなたのエネルギーが拡張しているのを感じます。

S：わあ、とても違いますね。

R：全く違います。そうです、そんな感じ。ダイナミックなまでのあなたです。それが本当のあなたの姿です。いいでしょう。

S：そしてこれは、暗黒で、ある程度はコントロールしていると思うのですが・・・

R：いいでしょう。

S：現時点では、自分の手には負えないというコントロールの範疇外（out of control）な感覚もあるんです。

R：では、その暗黒をどこで感じるの？

S：その暗黒が私に入って来るというよりも、自分がその中に入っているように、自分では考えているようなのです。

R：どこで感じますか？あなたの外側？内側？目を閉じて、その暗黒を感じて。ど

こで感じる？

S：胃の下の方だと思います。そして、それが圧倒することを許してしまっています。

R：いいでしょう。では、何を感じたと思うの？それはあなたのマインドが・・・

S：オーケー。仕事です。

R：・・・あなたがその暗黒を経験しているのは、仕事？そして、それはお金に繋がるのは、暗黒意外にはないという感覚ですね。そして、その暗黒とは何らかのかたちで悪と関連していて、だからこそ、それを受け取ることは、絶対に許容されないのです。そうです、変わったのを感じますか？変えてみて。そう、その通り。白に変えてみて。そう、頭頂が開くのを感じて。そう、そして、あなたが暗黒と呼ぶものが吐き出ます。そして、それが、あなたの現実がここに存在するということです。あなたのエネルギーの違いに着目してみて。あなたは、悪が現実だという考えと感情を手放しました。だって、実際の現実ではないからです。それは、ただの面白い見方です。いいでしょうか。他に感情はありますか？

S：私にとっての主な感情は、お金は「迷い・ためらい」だと思います。

R：ためらい？ためらいね、はい。ためらいとは？それをどこで感じますか？

S：みぞおちと下の方のチャクラで感じます。

R：はい、ためらいは、この世界が分からないということです。お金とは、あなたが理解しない何かだという感覚。下の方のチャクラで変化を感じますか？

S：はい。

R：それは、あなたがアウェアネスとつながった結果です。そして、アウェアネスとして、あなたはお金です。アウェアネスとして、あなたはパワーでもあり、エネルギーに繋がる全てのチャクラでもあります。それがあなたです。では、ためらいは、あなたの前にまだ存在していますか？

S：いいえ。

R：よかった。では、他の感情は？

S：はい、あります。

R：どうぞ

S：嫌悪感と恥を感じます。

R：とてもいい感情だ。嫌悪感と恥ね。それをどこで感じる？

S：私が考えるに、それを感じるのは・・・

R：感情を考えるの？

S：いいえ。胃と肺です。

R：胃と肺ですね。ということは、あなたにとって、お金は呼吸することと食べること。恥を変えてみて。それをあなたの胃の外側へと移動させます。そう、感じますか？胃のチャクラが開いているエネルギーを感じますか？

S：はい。

R：よかった。そして、もうひとつの感情は？

S：嫌悪感です。

R：嫌悪感。肺に感じるのですね。嫌悪感というのは、それを手に入れるには、自分を息苦しくさせなくてはならないという意味だからです。あなたの見方だと、お金を得るのに自分を窒息させなければならない。それは実際の現実ですか？

S：はい。

R：本当の現実？

S：いやいや、いいえ。

R：いいでしょう。

S：それを存在として認識していました・・・

R：あなたが機能する方法として？

S：はい。

R：いいでしょう。では、その呼吸を変えて、全て吐き出して下さい。いいでしょう。では、お金を吸い込みます。いいですよ。そして，恥を吐き出します。そして、あなたの体の毛穴一つひとつから、お金を吸い込み、嫌悪感を吐き出します。はい、今どう感じます？少し自由になった？

S：はい。

R：いいですね。他に感情を話したい人はいますか？

S：恐れ

R：恐れと、他の感情は？

S：不安と安堵

R：お金はあなたに安堵を与えますか？

S：はい。

R：いつ？

S：私の元へやってきたときです。

R：面白い見方だ。不安と恐れ。まずこの二つを先にみていきましょう。この二つは同じだから。恐れと不安をどこで感じますか？体のどこの部分で？

S：胃です。

R：胃ね。いいでしょう。それを胃から外に押し出して下さい。あなたの前から９０センチほど離れた場所に。それはあなたにとって、どのように見えますか？

S：ネバネバ、ぬるぬるしていて、緑色。

R：ネバネバ？

S：そうです。

R：なるほど、それがネバネバで緑色である理由は？

S：コントロールできないから。

R：ああ、面白い見方だね。コントロールがない。「わたしはコントロール」でいることができていないのが、自分で分かっているのだね？あなたは自分自身に「私はコントロールできない、私はコントロールの状態にいない（I am not in control）」と言っているのだよ。あなたは、そうした潜在的な思い込みに基づいたところから機能している。「私はコントロールの状態にいない、私はコントロールではない」だから、恐れと不安をとても上手く創り出したのです。

S：はい。

R：いいでしょう、あなたは、偉大で壮大な創造主です。よくやりましたね！あなたは自分の創造性を祝っていますか？

S：恥ずかしいという思いと共に祝っています。はい。

R：あぁ、面白い見方だね。どうして恥ずかしいの？

S：その程度の頭しかないからです。

R：はい、でも、それ以上の頭があるかどうかは、ここでは問題ではありません。ここで大切なのは、あなたが今、自分は創造主であることを理解し、偉大な創造という仕事をやってのけたこと。それはつまり、これまでとは別のものを選び、別の結果を創り出せるということなのです。

S：それには規律が要りますね。

R：規律？いいえ。

S：幸運だ。

R：いいえ、パワーだよ！あなたはパワーとしてのエネルギーなんだ。「私はパワー、私はアウェアネス、私は創造性、私はコントロール、私はお金」そうでしょ？このようにして変化を創造するのです。これまでの自分がそうだったような「私は」でいるのではなく、あなた本来の「私は」の姿になるのです。お金について、そしてお金からどんな感覚を得るのかに関して、あなたがこれまでに創造してきた、固体

化した見方に目を向けましょう。それが体のどこかが詰まったような感覚があれば、それを自分から押し出すようにして、こう問いかけて下さい。「私が自分自身を機能させている、陰に潜んだ見方で、自分の目にさえ映らない見方ってどんなもの？」そして、自分が答えを手にすることを許容してください。そして、その答えも結局のところは、ただの面白い見方であることを許容してください。

今、私が選択できるものは？私は「私は創造性、私はアウェアネス、私はコントロール、私はパワー、私はお金」を選びます。もし、「私は～ではない」を創造したり、「わたしは～ができない」を創造すると、できなくなります。そして、自分が創り出して来たものについて、壮大に、歓びに満ちたエネルギーと共に祝いましょう。あなたが創り出してきたものは、どれも間違ってはいません。創造に関するあなた自身のジャッジメント以外は。もしあなたが、路上のホームレスだとしたら、現在あなたが手にしているものは、より良い創造なのでしょうか？より悪い創造なのでしょうか？

S：より悪い創造です。

R：面白い見方だね。

S：それを知らなければ、面白い見方ではないと思います。

R：まさにそうだ。それを知らなければ、面白い見方ではない。

R：まさにそうだ。それを知らなければ、面白い見方ではない。もう分かったでしょう。今のあなたには選択肢がある。創り出せる。では、もしお隣さんから、こう言われたらどうだろう？「今週、君の給料はないよ。だって、お前がぶち壊したフェンスの支払いに、お前の金を全ていただくんだから。」

S：面白い見方だ。

R：まさにそう。これは面白い見方です。それでしかないのです。これに抵抗したり、反応したりすると、あなたはこれを凝固化して、お隣さんが本当にお金を取り立てに来るでしょう。

S：ということは、あなたが言っているのは、誰かがネガティブなものを持ち出して来たら・・・

R：お金に関するあらゆる見方と共にね。

S：なるほど、「面白い見方だな」をやるのですね。

R：そう、それをやるときの、自分のエネルギーを感じてみて。

S：オーケー。それですぐに「私は」をやれば良いのですか？

R：そうです。

S：なるほど。光が見えてきました。

R：それで、体がぎっしり詰まった感覚があったときは、その特定の見方、不安、あるいは恐れはどんなものだったの？

S：取り出して自分の外に押しやると言う話をしていたものですか？

R：そう。不安や恐れを胃で感じるとき、十分な食事が与えられていないという話をしていたの？

S：いいえ。

R：大切にされていないという話？もしそうなら、何について話をしていたのでしょう？あなたは体の話をしていたのです。あなたは、お金が体の機能の一部であるかのように感じていました。それがあたかも三次元に存在する実際の現実かのように。お金は三次元に存在する実際の現実ですか？

S：いいえ。

R：違いますね。だけど、あなたはそれを三次元に存在する実際の現実にしようとした。お金についての自分の見方をみてください。それは安心であり、家であり、請求書であり、食べ物であり、住まいであり、洋服です。それは真実ですか？

S：えっと、それはお金で買うものです。

R：それはお金で買うものだけど、それを選択しているのではないの？

S：あああ、必需品。

R：この１０秒であなたが選んだのがそれなのだね。必需品ね？面白い見方だ。あなたは自分の洋服を必要に迫られて選んでいるの？

S：はい。

R：そうなの？

S：はいそうです。

R：それが、かわいいからとか、自分を素敵に見せてくれるからという理由で洋服を選ばないの？

S：ほとんどの場合は、私を温めてくれるもの、という感じです。

R：じゃあ、夏はどうなの？ビキニを着るときは？

S：涼しさと、私が素敵に見えることを選びます。（笑）

R：だよね。ということは、選択しているわけです。必要に迫らせてではなく、何を感じたいかによって選択しているのです。ですよね？何を感じたいか。

S：ええ、でも、必要なのは・・・

R：でも！その言葉は捨てましょう。

S：げー。（笑）靴を履かなくてはいけないし、まだ・・・

R：なんで、靴を履かなきゃいけないの？裸足でも歩けますよ。

S：できるかもしれないけれど、でも・・・

R：もちろんできます。

S：靴が必要なのです。外は寒いし。

R：必要、なのだね？

S：下着に靴下に・・・

R：それも必要なのだね。

S：なくてはなりません。

R：誰が言ったの？体と話をして「私を温かくして」と頼むことができないだなんて、どうして分かるの？

S：それができたら素敵だわ。

R：素敵なのです。

クラス：笑

R：はい。

S：食べ物はなくてはならないし、人は靴を履きます。

R：私たちは何も身に付けません。ギャリーは靴を履いているけれど、それは彼が間抜けだからだ。ギャリーは靴がなければ雪の中を歩けないんだ。

クラス：笑

R：ギャリーは寒いと思ってる。

S：寒いですよ。

R：まあ、それは面白い見方だ。寒さがほしければ、シベリアに行ってみるといい。

S：子どもはどうです？子どもがお腹をすかせたときは？

R：子どもがお腹をすかせた時って何回くらいある？

S：数回

R：どれくらいの時間お腹を空かせてた？

S：夜の間

R：それでどうしたの？

S：父からお金をもらいました。

R：それは、あなたが創り出したんじゃないの？

S：はい。

R：自分の創造力を祝福しましたか？

S：えっと、父に感謝しました。

R：まあ、それも創造のための方法のひとつではあるね。創造すること、創造性は、自身のアウェアネスになるということ。「私は創造性」になり、「私はアウェアネス」になり、「私はパワー」になり、「私はコントロール」になり、「私はお金」になるのです。あなたは抵抗しています。「でも」「〜が必要だ」「なぜ」「しなければならない」「必需品だ」などは全て、「私は手にすることができない」「私にはその価値がない」という見方です。こういった根底に隠されたところから、あなたは機能することになるのです。こうした見方があなたの人生を創り出していきます。そのようなところから人生を創造したいですか？

S：えっと、お金であれば、全ての側面にそれが目に入るのですが。

R：はい、お金以外は。それはあなたが「お金は別物だ」と見ているからです。お金をどう見ていますか？全ての悪の根源？

S：はい。

R：それは誰の見方ですか？実際、あなたのものではないでしょう。あなたが取り入れ、信じ込んだものです。悪魔がそうさせた？「お金は別ものである、自分の創造の一部ではない」というのが、あなたが創り出している現実です。

S：では、全てに「私は」をやってみると、それが私にお金を運んでくれるんですか？

R：それが、お金を運び入れ始めるようになるでしょう。あなたが疑念を抱く度に、あなたが創造している基盤を少しずつ崩していきます。言い換えましょう。「お金が欲しい」と何度言ったことがありますか？

S：毎日です。

R：毎日。私はお金が欲しい。それは、「私にはお金が不足している」と言っているのと同じです。何を創り出してきましたか？

S：でも、真実なんです。

R：真実だって？いいえ、それはただの面白い見方でしかない。まさに今自分で言ったことを創り出してきたのです。私はお金が欲しい。無意識にやっていましたが、でも、創造したのです。

S：では、宝くじに当選したい、というのはどうですか？

R：宝くじに当選することが「不足」していたのなら、それがまさにあなたが創り出してきたものです。宝くじに当選することへの不足。

S：私たちが言っていたのは、「知覚の力」です。

63

R：「あなたの言葉の力」、「あなたのアウェアネスの力」があなたの世界の現実を創り出します。簡単なエクササイズをしましょうか？「私はお金が欲しくない」と言ってみて。

S：それ以外の他の何かを選ぶことはできますか？

R：「私はお金が欲しくない」と言ってみて。

S：「私はお金が欲しくない」

R：「私はお金が欲しくない」と言ってみて。

S：「私はお金が欲しくない」

R：「私はお金が欲しくない」と言ってみて。

S：「私はお金が欲しくない」

R：「私はお金が欲しくない」と言ってみて。

S：「私はお金が欲しくない」私にはネガティブに聞こえるんですが。

R：本当に？「私はお金が不足していない」はネガティブ？

S：でも、私たちはお金が欲しいでしょう。

R：あなたはお金が欲しくない！

R：そうです。私はお金が欲しくない。そのエネルギーを感じてみて。「私はお金が欲しくない」と言葉にするときにどう感じるか。「欲しい」というのは「不足している」という意味であり、その定義にしがみつこうとし続けるのです。わたしはお金。「わたしはお金を持っている」にはなれません。自分がそうでないものを手にすることはできません。「私はお金がほしい」ということにおいては、すでにあなたは創造性になっているのだから、あなたはすでに、「不足」を豊富に創り出したのですよね？

S：はい。

R：いいでしょう、ではもう一度、「私はお金が欲しくない」と言ってみて。

S：私はお金が欲しくない（複数回繰り返す）

R：では、そのエネルギーを感じてみて下さい。軽くなりましたね。自分で感じますか？

S：はい、頭がクラクラします。

R：あなたがクラクラするのは、あなたが創り出した現実の構造を崩壊することを創造したからです。皆さんは全員手にしています。「私はお金が欲しくない」と自分自身に言ってみて、軽やかに感じたり、日々に笑いがより増えるのを感じてください。

S：「私はリッチです」は言えますか？

R：ノー！リッチって何？

S：幸せ

R：本当に？ドナルド・トランプが幸せだと思う？

S：いいえ、お金持ちというリッチではなく。

S：ああ、お金って私たちがコントロールしなくてはならないものをコントロールするので。

R：それは面白い見方だ。それはどこからやってきたの？

S：なぜなら・・・

R：その見方をどこから得たの？

S：そのアイディアは考えていたときに・・・

R：わかった。あなたがトラブルに巻き込まれるのは、その考えて、考えて、としているところだね。（笑）それは心地よい？

S：いいえ。

R：心地よくないだろう。それは真実ではないよね。「わたしはリッチです」と言うと、いい気分がする？

S：いい気分します。

R：面白い見方だ。いい気分がする？どうして分かるの？リッチになったことあるの？

S：えっと、お金があった頃に・・・

R：リッチになったことある？

S：いいえ。

R：ないんだね、リッチになれる？

S：はい。

R：本当に？「もし〜だったら・・・」としか言えないのに、どうやったらお金持ちになれるの？わかりますか、あなたは未来を見て、それに対する期待を見ている。未来はどうあるべきか、とか、どうあるべきでない、とか。

S：それは、給料を支払ってくれる上司がいて、彼の言うことを聞かなければならなかったり・・・

R：お金を払ってくれる上司がいるの？

S：現時点ではいませんが・・・

R：それは真実ではありませんね。あなたには支払いをしてくれる上司はいます。

そして彼女はあまりきちんと払っていない。だって、自分ができる事に対してお金を受け取っていないのだから。それが、あなたなんだよ。あなたが、あなた自身の上司/ボスだ。自分のビジネス、自分の人生を創造し、それが自分に向かってやって来るのを許容しなさい。あなたはクローゼットに隠れて「私にはできない、できない、できない」と言っている。そんな見方を創り出したのは誰？「私にはできない、私は分からない」ではなく、「私にはできる、私は知っている」というときには何が起こる？あなたのエナジーには何が起こる？エナジーを感じてみて。

S：私は、お金がなければ子ども達は食べていくことができない、という見方から身動きできなくなっています。

R：お金がない状態になるって誰が言った？あなたでしょう。自分が大嫌いなことをやらなければお金が全く手に入らない、と思い込んだのはあなただ。仕事を楽しみとして見たことがどれくらいありますか？

S：一度もありません。

R：それが、見方だよ。それが、根底に隠れている見方だ。それでもあなたはこう言うだろう。わたしの仕事は水晶玉に関すること、未来を見ること。自分が楽しむということが見えないんだ。仕事は好きですか？

S：はい。

R：ではどうして、好きなことを仕事にしているのなら、自分に受け取るということを許さないの？

S：まだ良くわかりません。もっと情報が必要です。

R：更なる情報なんてあなたには必要ない。あなたは自由に何でもできる。一万回の人生で水晶玉を読み解く仕事をしてきたんだ。学びに関して言うことは？糞ってこと以外にある？

クラス：笑

R：バレちゃったね。もうどこにも隠れる場所はないよ。

S：では，水晶玉に見えたものをリーディングすると、それが当たっていなくて、自分がろくでなしに思えました。

R：そうだね（笑）。当たっていないって、どうして知っているの？

S：えっと

R：えっと？

S：分かりません。

R：ということは、お客さんはまた戻ってきますか？

S：分かりません。

R：次の人にリーディングをして、正しくやれば、彼らはまた戻って来る？

S：はい、それにはイエスです。

R：ということは、なんで自分には分からないってもう言ってしまうの？あなたは誰に嘘をついているの？

S：え？

R：誰に嘘をついているの？

S：それは、それは・・・

R：あなたは誰に嘘をついているの？誰に嘘をついている？

S：誓います。自分に見えているものが分からないんです。

R：それは真実ではない。本当ではない。ではどうして、リピーターとしてあなたの元へ戻って来るお客さんがいるんだ。彼らが思っているのは・・・

S：わたしが上手くやれているということ。

R：そうだ。あなたは上手くやっていた。いつもうまくやれていないと思ったのはどうして？リピーターにならなかったお客さんは何人いるの？

S：ひとりもいません。

R：なんてことだ。これは厄介なケースだぞ。彼女はなかなか納得しなかったね。自分の人生には絶対に自分にはお金がなくて、豊かさもなくて、成功というものがないように、それを必ず確認しようとしていたんだ。面白い上司がいるんだね。自分自身にうまく支払わないだけではなく、十分なビジネスをやっているということを自分で認めることさえしない。だから、自分が上手くやっているのを知るために、何度も戻って来るリピーター客を創り出したんだ。あなたの人生に豊かさを与えるには、結局何人要るかわかる？

S：多分、週にプラス３０人。

R：いいでしょう、では自分のスペースに週のあと３０人くるのを許容できる？

S：はい、問題なく。

R：問題なく？

S：問題なく。

R：本当に？

S：はい、それは確かです。

R：いいでしょう。では、自分が１０万ドルを手にすることを許容できる？１００万ドルは？

S：はい。

R：１０００万ドルは？

S：はい。

R：いいですね。あなたは今少し変わりましたね。どうもありがとう。皆感謝しています。あなたは創造主です。偉大で壮大な創造主です。自分が大好きなリーディングを終える度に自分を祝福してください。そして、愛という場所から仕事をして、あなた自身が仕事になるのではなく、楽しさになってください。あなたは自分の仕事を楽しんでいるのであり、仕事をしているのではありません。仕事といえば、クソみたいに感じるけど、楽しみというと、楽しく感じるでしょ。それに、ずっとやっていられる。他の誰でもなくあなたがそれを創造するのです。車のガソリンを入れるのを楽しみながらやることもできるし、窓を拭くのを楽しみながらやることもできるし、トイレを掃除するのを楽しむことも可能です。そして、それによって収入が得られ、素晴らしく豊かな成功を手にすることができるのです。でもそれは、あなた自身が仕事を楽しんでいれば、の話です。それを仕事としてみると、もうその時点で自分が嫌いな何かとして創造しはじめています。この世界とはそういうものだからです。ここでの仕事とは大変で難しく、苦痛を伴うものです。面白い見方ですね。

S：自分のやりたいことがわかっていない場合は？

R：でも、知っています。

S：そうですが、以前はそこにたどり着くまではわかりませんでした。

R：ではどうやって水晶玉にたどり着いたの？あなたは、自分が直感と将来につながることを許容し、宇宙にお願いをして自分のビジョンと一致させ、望むものを与えてもらったのです。あなたはビジョンとして、創造しました。あなたはアウェアネスとして、自分の存在、叡智のパワーを手にしました。あなたはそれが起こると確信していて、宇宙があなたにそれをもたらすことを許容するコントロールを手にしていた。だから、あなたは、もう既に「私はお金です」になる４つの要素を手にしているのです。わかった？

第4章

あなたにとってお金とはどんな感じがする？

ラスプーチン：いいでしょう。次の問いにいきましょう。ボランティアを担ってくれる人は？

S：わたしやります。

R：はい、次の問いは何でしたか？

S：お金とはどんな感じがする？

R：お金とはどんな感じがする？その通りですね。

S：これは、お金について感じる感情とは違うのですか？

R：必ずしも、そうではありません。

S：「それは素晴らしい」とわたしは言いました。

R：では、あなたにとって、お金とはどんな感じがする？

S：今は、お金から混乱した感覚を得ています。

R：混乱ね。お金を、そしてその混乱を感情として感じていますか？

S：感情と思考です。

R：精神状態（state of mind）ですね。

S：はい。

R：クラクラする感覚について話していたときのことを覚えていますか？

S：はい。

R：あなたは自分のクラウン・チャクラを開き、クラクラの感覚が外に向かって出るのを許容しましたか？混乱とは、お金に関して創り出されたイメージです。混乱を得るには、どんな思い込みが必要でしょうか？自分には分からない、という思い込みが必要です。その思い込みとは、「私には分からない、そして、私は分かるべきだ」というものです。

S：だから私は混乱を感じているのですね。

R：そうです。私には分からない、そして、私は分かるべきだ。この2つは真逆の見方であり、混乱を創り出します。そして、これらはただの面白い見方でしかありません。「私にはわからない」そして、「私はわかるべきだ」この2つそれぞれに対

して、面白い見方だな、と言ったときにエネルギーが変わるのを感じますか？面白い見方だな、「私にはわからない」って面白い見方だな、「私はわかるべきだ」って面白い見方だな、「私にはわからない」面白い見方だな、「私はわかるべきだ」混乱については今どう感じますか？

S：そうですね、私が・・・。

R：もちろん。

S：今のところ、私にとってはある意味とても非現実的に思えるのです。私がお金を扱っていないときや、お金を持たなくても良いときなら、純粋なお金、エネルギー、パワー、創造性というものが私の中でとても明確に思えるのです。

R：あなたはどんな思い込みから機能していますか？

S：理解できない現実というものがある、ということ。

R：まさにそうです。

S：それが真の問題です。

R：それは問題ではありません。それはあなたが自分をそこから機能させている思い込みであり、あなたに自動的に語りかけるものです。それはあなたの実際とは異なるものです。あなたの思い込みとは、物理的な現実はスピリチュアルな現実とは別物であり、真のあなたである現実とは別物であるということです。この地球には純粋さというものが存在しないので、ここに純粋さをもたらすことは絶対にできないというものです。

S：その通りです。

R：それらは思い込みです。あなたが自分の現実をそれに基づいて創り出す誤った情報です。

S：えっと、別の存在にとっては別の現実があるようだ、ということと、他の人には混乱がないようだ、ということも、混乱の元になっています。その人たち自身、他者の見方、近所の人たち、店にいる人たち・・・

R：何について話しているの？他の現実があるとか？他の人には別の現実があるとか。あります、いくつかは・・・

S：別の見方で・・・

R：このクラスで、彼女が言っていることがわからない人はいますか？みんなあなたと同じ見方を持っていますよ。

S：皆も混乱しているということですか？

R：はい、彼らもこの現実には持って来られないと皆そう思っていますよ。スピリ

70

チュアルな世界をこの物質世界に持って来ることができないと。道行く人は皆その見方を持っています。そして、その見方を取り入れ、信じ込まない人だけが、それは絶対的不可能だと思い込まない人だけが、自分の現実を創り出すことができるのです。例え、小さいかたちでしか創造できなかったとしても。人生の目的を金を稼ぐことだけにすると、人生の唯一の目的がドナルド・トランプやビル・ゲイツ、まあ誰でもいいんですが、同じようなイメージね。同じ人、別の体、同じ人、になるわけです。彼らの人生の目的はお金を稼ぐこと。やることすべてがお金に関することなのです。どうしてそんなに多くのお金を稼がなくてはならないのでしょう？だってあなたと同じように、彼らも来週にはお金がなくなってしまうと確信しているのです。

S：彼らにとっては、ゲームではないのですか？

R：いいえ。彼らにとってゲームではありません。彼らがどんな見方に基づいて機能しているのかというと、自分が何をしようとも、十分に満ち足りることはない、自分は絶対に十分なものを手にすることがない、ということなのです。ただみなさんとは基準が違うだけなのです。それだけ。

S：そうした人たちは、自分たちの富からある種の自由を感じていないとおっしゃるのですか？

R：ドナルド・トランプが自由を手にしていると思いますか？

S：ある意味では、そう思います。

R：本当に？彼はリムジンを運転することができますが、それは彼に自由を与えているのか、あるいは、周囲にいる人全員、自分からお金を取っていこうとする人たちから自分の身を守ってくれるボディーガードがついている、ということなのでしょうか？毎日自分からお金を取っていこうとする人が２７人いるということは、彼に自由を与えていますか？

S：それは、自由の幻想を与えています。

R：いいや。それが自由だという幻想を与えているのです。あなたはそれが自由だとしか思わない。だって、自分は手にしていないのだから。彼はあなた以上に自由ではないですよ。彼はただ、自分に必要のない物に使うお金をあなたより多く持っているということなのです。彼がたくさんお金を持っていることが、彼を他者より大きな魂にすると思いますか？

S：いいえ。そう思いません。そんなことありません。

R：それは、彼を他者より低い魂にしますか？

S：いいえ。

R：みなさんは、面白い見方を持っていますね。（笑）皆そう思っていて、「彼はもっとお金を持っているから、お金によって悪い人になってしまっている」と言えるような図太さがないだけです。

S：そうですね、その通りです。

R：そうでしょ。そう思っているでしょ。そう言ったことはないけど、そう思っていましたよね。

S：はい、そうですね、お金とは、人によっては身の回りのすべてをコントロールするものです。

R：本当に？はい、彼はコントロールしていますね。太陽をコントロールし、月も星も、そういったものも完全にコントロールをしています。

S：でも、人をコントロールすることは・・・

R：おぉ、人をコントロールすること、ね。あなたにとっての、偉大さの基準ですね。

S：いえいえいえ。それは私の基準ではありません。違いますよ。私たちが話をしていたのは、ビル・ゲイツであり、彼が持っているもの、ドナルド・トランプが持っているものを話していました。彼のコントロールを究明するために。

R：実際に、彼はコントロールの状態にいましたか？

S：いいえ。わたしは・・・

R：あるいは、彼は、自分のお金に対する必要性・欠乏にコントロールされているのでしょうか？彼の人生は完全に、もっともっともっともっと多くのお金を創り出す必要性によって、箱に詰め込まれています。それは、彼が十分だと感じる唯一の方法だからです。

S：でも私が思ったのは、彼が吸い取るために出すエネルギーは・・・

R：いいでしょう。あなたの語彙の中からまた削除することになる言葉が一つでてきました。

S：何ですか？

R：でも

S：でも？

R：でも、です。誰かが何かをいうときは毎回、「でも・しかし」を抜いてください（笑）

S：これは真実・・・

Ｒ：多くのみなさん、ほとんどのみなさんにとって、これは真実です。情報の一片を与えられると、即座に逆の見方を創り出します。なぜならそれは、あなたに同調したり、あるいは合意しないから。同調あるいは合意しないので、その情報への許容を拒否することがあなたの側で起こるから、あるいは、それに反応するから、逆の見方を創り出します。結局、それは「この男はお金に動かされている」という面白い見方でしかないのです。

Ｓ：私が言いたかったのはそれなのですが、でも・・・

Ｒ：いや、君には、面白い見方である別の見方があった。それでしかないよ。

Ｓ：はい、いまそれを学んでいるところです。

Ｒ：それには価値がない。お金についての考察を創り出すたびに、あなたは自分に対する制限を創造する。自分に対して！そして、自分の見方を他人に言うたび、あなたは、彼らに対して制限を創造する。自由を創り出して、自由になりたいと望んでいるでしょう。自由は考察とは全く違う！！

全くの考察や制限なしに、もし、全ての光を安らぎ、喜び、豊かさとともに現実化したとしたら、世界はどのように見えるでしょう？　もしあなたに無限の思考、無限の能力、無限の許容があれば、グラフィーティ（訳注：スプレー等で壁に描かれた落書き）は存在するでしょうか？ホームレスは存在する？戦争は？惨事は？猛吹雪は？

Ｓ：ということは、違いは何ですか？そこには、天気が存在ないのですか？

Ｒ：猛吹雪についての考察がなければ、天気は存在しても、猛吹雪である必要はありません。テレビを観ていて、自分のところに雪が降りそうだなというとき、そう、彼らは現実化するのです。その吹雪がどれくらい大きなものかを天気予報やニュースが語り始めます。１９９６年の猛吹雪、１９９６年の２番目の猛吹雪は大型で壮大な猛吹雪であり、それは、惨事になるので、今のうちに買い物へいって、もっとたくさん買い込む方がよいというのです。このような見方を取り入れ信じ込み（buy that point of view）、そんな見方を元にして自分の人生を創造している人がどれほどいいますか？

Ｓ：買い物（buying）に行くのではなく、午後は公園で過ごすこともできます。

Ｒ：ここで話をしているのは、見方を自分の中に買い入れる、信じ込む（buy the point of view）という意味の話。それが真実だと瞬時に決めるでしょ。テレビの言うことを聞かずに、捨ててしまいなさい。あるいは、全く脳みその無い番組だけを見るとかね。（笑）

「スクービー・ドゥー」を見るといい。（笑）アニメを見るといい。アニメにはより多くの見方がある。ニュースを聞いたら、とても気分が落ち込んで、お金についての多くの考えを持つようになります。

いいでしょう、どこまでいきましたっけ？戻りましょう。混乱ですね。今、混乱について理解しましたか？

S：いいえ。

R：いいでしょう。ここでもっと理解ができればいいなと思うのはどんなことですか？あなたが、この混乱を創り出しています。

S：私は誰？私は体？あなたはここにいる？他に誰かここにいる？これは現実？それに違いはある？存在って一体何なんだよ？あなたは、もしくは、全ては、純粋なエネルギーであり、精神（spirit）と魂（soul）の間に分離はなく、そういうこと？そういうこと？そういうこと？？もう何についても語ることがない。だから、全ての苦しみ、全ての悲しみ、全ての幻想、全ての分離、全ての混乱は・・・何？何？

R：創造です。

S：なるほど。

R：あなたが創造したのは・・・

S：ということは、このレベルにおいて、創造である私たち人間と、これまた創造であるエゴの自己が、これまた創造であるお金や場所と呼ばれるものがあると考え、ということは、私たちがウォール・ストリートにいたり、１９９６年ニューヨーク・シティーでのアメリカ史を生きているなら、私とあなたが共に存在することに合意しているということ？理解できない。

R：なんで理解できないの？

S：他の皆があなたであり、あなたは他の皆だからです。

S：それが・・・よく理解できない。

R：あなたは自分自身を分離として創造し、あなたは自分自身を異なるもの（different）として創造し、あなたは自分自身を衰弱した者として創造し、あなたは自分自身を怒りとして創造しています。

S：よくわからなくなってきました。

R：はい、でもその根本にあるものは、本当に怒りです。

S：はい、そうですね。

R：あなたが無力に感じているということは、それがあなたの基本的な思い込みであり、あなたがそこから機能しているということです。そして、混乱という基本的

74

な思い込みも常にあります。全ての混乱は、自分には力が無く、能力が無いという考えに基づいています。

S：でも私はそうではありません。

R：そうですよ。

S：違うと感じます。

R：自分の人生を見てみなさいよ。あなたの人生を。あなたが創り出してきたものを。あなたは、最初から壮大な量のお金から始めましたか？最初は宮殿からスタートして、全てを失ったのですか？あるいは、創造して、創造して、そして、創造についての混乱にはまり込み、疑いにはまり込み、無力感にはまり込み、あるいは、コントロールの方法を知るには無力だと思い込み、そしてあなたから剥がれ落ちて行った。なぜなら、あなたは混乱を創り出し、自分自身への疑いを創り出していたからです。そう、あなたの人生はそういう場所に行ったのです。でもどれも、あなたの真実ではない。存在としてのあなたは、自分の人生を創造する完全なる力を手にしている。あなたにはそれが出来るし、出来るようになる。そしてそれは、あなたが想像するよりももっと壮大な方法でやって来るようになる。でも、それはあなたが無条件の信頼を置くことから始まる。これは他のみなさんにも同じことです。自分を無条件に信頼し、今存在する現実を創り出したのは自分だと知ること、そして、もうこれ以上そうありたくないと強く思うものを変える意思が自分にはあるというアウェアネス（気付き）に無条件の信頼を置く。それが全てだ。異なることを許容しようと思うこと。

S：では、もし人生が変わったら、それは、ボスニアをもっと創造し、ホームレスをもっと創造するのは、混乱したコンシャスネスということですか？そのコンシャスネスはどこへ行く？私が創造したかもしれないダークなエンティティはどこへ行く？あるいは、私が目にするテレビやホームレスの観点とは懸け離れた私の一部は？「そうね、それらは私の現実ではない、信じない、そんなのはもう選択しない」といったら、テレビやホームレスはどこへ行くのですか？

R：いや、そういうことではない。それは、抵抗からやっているのがわかるかな。

S：なるほど

R：でしょ？変化が起こるには、拒否ではなく、反応ではなく、同調でもなく、合意でもなく、許容から機能しなければならない。　許容とは・・・

S：私は許容する意思があります。ただ、理解したいのです。どこが・・

R：あなたは、抵抗から機能している。だって、本当には存在しないものを理解し

ようとしているのだから。というのは、他の人たちも、それぞれの自由意思と選択により、存在しないものを創り出しています。受容、同調、合意、反応、あるいは抵抗の連続。これらはあなたの世界の機能要素です。あなたは、それを変える代わりに、許容で機能しなくてはなりません。そして、あなたが許容にあるとき、あなたは身の回りの全てを変えるのです。強烈な見方を持った人が目の前に現れたら、こう言えばいいのです。「あぁ、面白い見方ですね。」そして、それに関して自分自身を許容に置く。すると、あなたは、見ている世界の意識を変えます。だってそれを取り入れず、信じ込まなかったから。これをさらに固体化することをせず、それに合意することもなく、それに抵抗することもせず、それに反応せず、それを現実にしませんでした。あなたは、現実が転換し、変化することを許容してきました。許容だけが変化を創造します。他者を許容するのと同じぐらい、自分を許容しなくてはなりません。そうでなければ、そのお店ごと、つまり大量の見方を買い、クレジットカードで支払いをしていたでしょう。

S：ということは、それが、この世界の完全な平和になるのですか？

R：もちろんそうなりません。一緒にやりましょう。これを１分考えてください。でも、あなた（これまで話していた相手に向かって）はここで実験台のモルモットになりますね？いいでしょう。残りの人生は１０秒間です。あなたは何を選びますか？あなたの人生は終わりました。選択をしなかったからね。残りの人生は１０秒です。あなたは何を選びますか？

S：私は選ばないことを選びます。

R：あなたは、選ばないことを選んでいるのですね。でも、なんでも選べるのですよ。創造するのに１０秒しかないと気づきはじめたら、現実を創造するのに必要なのは１０秒だけなのです。１０秒、実際には１０秒以下ですが、でも今あなたは、その１０秒の積み重ねから機能しなくてはなりません。もし、１０秒から機能するのなら、あなたは、喜びを選びますか？あるいは、悲しみを選びますか？

S：悲しみを選ばなくてはならないでしょう。

R：まさにそうだ。わかりますか、あなたは、悲しみを選択することで、自分の現実を創り出してきたのです。そして、過去から選ぶとき、または、未来への期待から選ぶとき、あなたは何の選択もしておらず、あなたはそれまでも生きてこなかったことになり、この瞬間も生きておらず、あなたは、頑丈な制限の記念碑として存在しています。面白い見方ですね。

S：はい。

R：いいでしょう。では、次の答えは？この質問の２番目の答え。質問は何でしたっけ。忘れてしまいました。

S：あなたにとってお金とはどんな感じがする？

R：あなたにとってお金とはどんな感じがする？そうでした。ありがとう。

S：私にとっては、少なくとも、この世界は、刑務所での喧嘩のようです。

R：ああ、はい。とても面白い見方だと思いませんか？お金とは、刑務所の喧嘩のように感じる。これは、この部屋の全員を描写しています。これが自分の創造した現実だという風に見なしていない人はいますか？

S：刑務所内の喧嘩ですか？

R：そうです。

S：わたしは違います。

R：そのように見ていない？

S：少しだけ。実際、それがどういう意味なのか理解していません。

R：お金を得るために常に戦っていないですか？

S：ああ、わかりました。

R：そして、十分手にしていないと、牢屋に入っているように感じませんか？

S：あきらめます（笑）

R：いいでしょう。

S：私たちはみな似たような現実にいるに違いありません。

R：あなた方はみな同じ現実に生きています。ですから、それについてコメントする必要なんてありますか？

S：はい、お金以外のものなら全て受け取っているSの物々交換（バーター・システム）については、どうですか？

R：それ自体、小さな牢屋ではありませんか？

S：それが確かかどうかはわかりませんが、S、これはどう感じる？

S：牢獄です。

R：そうです。わかりますか、皆がそれぞれの見方を持っています。あなたは、Sを見て、彼の現実が自由だと思っているけれど、彼はドナルド・トランプが自由だと思っている。（笑）

S：オーケー。これを話す必要があるとあなたは言いましたが、お金に基づいて機能している場合はどうすれば良いのですか？

R：許容です。面白い見方ですね？お金によって投獄されているように感じること

や、自分には牢獄のように感じること。これはベルベットのように感じられますか？広がりに感じられますか？いいえ。これは、縮小・衰退として感じられるでしょう。それは現実ですか、あるいは、あなたが選択してきたものであり、自分の人生を創り出すためにあなたがいかに選択してきたかを表していますか？これは、あなたが自分の人生を創造するために選んできた方法なのです。それは、この壁以上に現実ではありません。でもあなたは、壁が固体であり、寒さを凌ぐものだと決めました。ですから、そのようになっているのです。ですから、あなたはお金に関する制限を、同じように固体化しています。許容から機能し始めなさい。それが、自分が創り出した罠から脱出するための切符です。いいですか？次の問いにいきましょう。

第5章

あなたにとってお金とはどのように見える？

ラスプーチン：いいでしょう。次の問いは、「あなたにとってお金はどのように見える？」

生徒：緑と金と銀です。

R：ということは、お金には色があり、類似性があり、固体性があるということですね。それはお金の真実ですか？

S：いいえ。

R：ちがいますね。お金はただエネルギーであり、それだけです。この物理的な宇宙に現れるお金の形式にあなたは意味付けをして、固体化してきました。自分の世界に固体性を創り出し、それがお金を持つことを妨げる障害を創り出しています。あなたが見ているものが金か銀だけなのであれば、首にたくさんのチェーンをつけたほうが良いでしょう。もしお金が緑なら、緑の服を着ると、お金を持てますか？

S：いいえ。

R：いいえ。ですから、お金を形式ではなく、エネルギーの気づきとして見られるようにならなくてはなりません。なぜなら、それがまさに、完全なるお金を豊かさから創造することができる軽やかさだからです。

S：どのようにしてエネルギーを見るのですか？

R：体のすべての毛穴にエネルギーを引っ張った時に感じたように、エネルギーとはそうして見るものです。気づきの感覚とともにエネルギーを見るのです。いいでしょうか？

S：はい。

R：では次の問いにいきましょう。

第6章

あなたにとってお金とはどんな味がする？

ラスプーチン：では、次の問いです。次の問いは何ですか？

生徒：お金はどんな味がするか？

R：いいですね。この問いに答えたい人は？楽しいはずです。

S：お金とは、リッチなダーク・チョコレートです。

R：うーん、面白い見方ですね？（笑）

S：紙とインクと埃の味。

R：紙とインクと埃ね。面白い見方だ。

S：汚い目隠し。

S：私は、口の端で感じられ、唾液が出てきました。

R：はい。

S：甘くて、みずみずしい

S：滑りやすいゴミと、粘土でできたビー玉と桃の木

R：いいでしょう。みなさんにはとても面白い味なのですね？感覚よりも、味の方がみなさんにとって、より興味深いようですね。バリエーションがありました。どうしてだと思いますか？それは、体の機能として、創り出したからです。Sにとっては、お金とは食べること、チョコレートを食べること。はい、皆さんには、お金が何かの味がするというそれぞれの見方があります。滑りやすい、面白い。舌の周囲をよく動き回るのですね。飲み込みやすいですか？

S：いいえ。

R：面白い見方だ。どうして飲み込みにくいのですか？

S：つっかかるからです。

R：面白い見方だ。硬い塊で、ザクザクした歯触り。本当に面白いお金に対する見方を持っていますね。

S：でも、それはすべて同じ見方です。

R：すべて体に関する同じ見方です。

S：たとえ異なるように見えても、彼女は・・・

R：たとえ異なるように見えても。

S：・・・彼女はチョコレートだと言い、私は苦いといった。でもそれは同じです。

R：それは同じです。体についてです。体に関連があります。

S：味が体に関連します。

R：本当に？

S：はい。

R： 体の外では味わえない？

S：体の外や体なしでは、イングリッシュ・サンドイッチは味わえません。

R：でもお金は、ここの論点は、あなたがお金を体の機能として見ているということなのです。あなたはそれを三次元の現実だとみており、創造の現実だとは見ていません。あなたは、お金のことを味と形式、構造があるものと同じぐらい、固体で、本物で、実体がある何かだと思っています。そのため、それに伴う特定の考え方があるのです。でも、もしお金がエネルギーなら、それは軽やかさと気楽さになります。それが体なら、重さと重要性を伴います。そして、重さと重要性とはあなたが創造したものではありませんでしたか？

S：はい。

R：それは、あなたの見方の全てがそこからやって来るという場所ではありませんか？

S：ということは、味についてあなたが聞くと、私たちは再び思い込みに入り込んでしまったわけですね。

R：思い込み。あなたはお金が体だと瞬時に思い込みました。自分が生きる体であり、自分が機能する体だと。それは、滑りやすく、汚くて、あらゆるものを表し、ばい菌に支配されています。お金についてのなんて面白い見方なのでしょう。

S：ときによって、お金は温かく、冷たいです。

R：温かく、冷たいって？本当にそんなの？

S：もうひとつと同じようなものです。この背景には、あなたがこだわる信頼に関する要因があります。金本位制のような・・・

R：その見方ね、あなたが取り入れ、信じ込んだ考察。それは現実ですか？もう違うよね！（笑）お金の背後に何かありますか？１ドル札を手に取ってみると、後ろに何か見えますか？

S：空気

R：何もありませんね。空気！たくさんの空気、後ろにはそれしかありません（笑）

S：たくさんの温かい空気。

R：たくさんの温かい空気、まさにそうだ（笑）。人がお金について話すのを耳にする時、彼らはお金を温かい空気として創造しますか？お金を温かい空気として話していますか？はい、でもどうやって彼らは創造したのでしょう？それには、大きな意味付けがされており、重く、巨大ではありませんか？大量のレンガがあなたに重くのしかかるような。それは現実ですか？それは自分のために創造したいと思うものですか？いいでしょう。では、それに目を向け、感じてください。お金についての考察（あれこれ沸き上がる考え）を耳にするたびに、感じてください。お金に関する考察、考え、信念、決めつけ、あるいは態度のエネルギーを感じるたびに、体のどこにその感覚が起こるのかを感じてください。その重さを感じ、軽さに変えましょう。軽さに変えるのです。それは、面白い見方でしかありません。それでしかないのです。現実ではありません。でも、とてもすぐに、自分の人生がどのように創造されてきたのか、わかるようになるでしょう。どのようにして人生にお金が流れるのか、あなたの意志から、他の人の見方を信じ込むこと。あなたはその構造（configuration）のどこにいますか？あなたはいなくなり、あなたは自分自身を衰えさせ、自分自身を消し、お金と呼ぶもののいいなりになり、奴隷になっていきました。それは、あなたが吸い込む空気が真実であるのと同じ程度のものにすぎないのです。呼吸をする程度のものにすぎません。花を見る以上に重要ではありません。花はあなたに喜びをもたらしてくれますね。そうでしょう？花を見ると、喜びがもたらされる。お金を見ると、何を得ますか？気分の落ち込み、私が望むほどのお金はそこにはない。あなたは自分が持つお金に感謝を与えることなど絶対ないでしょう？

S：ないです。

R：１００ドル札を手に入れたら、「ああ、支払いで消えていってしまう。クソっ。もっとあればいいのに」（笑）「わお、わたしは、素敵なものを現実化したんだ。違う？」という代わりに、自分が創造したものを祝福せずに「あぁ、また十分に稼げなかった」と思うのです。お金は何と言っていますか？お金はあなたの人生に何を現実化しましたか？ドル札を見て、道に１ドル札が落ちていたら、それを拾ってポケットに入れて「今日はラッキーだったな」と考えますか？「自分は現実化という素晴らしい仕事をしたのだろうか、自分にお金が流れてくるという素晴らしい仕事をしたのだろうか？」と考えますか？いいえ、だって、それは、あなたが必要だと

考える１万ドルではなかったから。「必要」という言葉がまた出てきましたね。

S：お金はどんな味がしますか？

R：どんな味がする？

S：汚い

R：汚い？君がお金を全然手にしていないのは不思議ではないね。（笑）

S：甘い

R：甘いね、君の方がもっとお金を手にしているね。

S：美味しい

R：美味しいね、美味しい味。あなたもサンタさん用の靴下にお金を入れてもらえるでしょう。

S：水のような味。

R：水のような味ね。水のようにすぐになくなってしまう？（笑）膀胱まで一直線。他の見方は？他にありませんか？お金に関する「見方」は他にありませんか？

S：まずい。

R：まずい。最後にお金を味わったのはいつ？

S：子供の時。

R：そうですね。だって、子供の時にお金は汚いと言われ、口に入れるなと言われたからです。お金はまずいという見方をあなたは信じ込んだのです。お金は良いものではないという見方、お金はエネルギーではないという見方を信じ込み、遠ざけるべきものとして捉えています。なぜなら、お金は汚いものだから。良いものを何もあなたにもたらさなかったから。そしてあなたは小さい時にそれを信じ込み、その見方を永遠に持ち続けてきたのです。今、これまでとは違うものを選べますか？

S：はい。

R：よかった。面白い見方でしかない現実を自分に持たせてあげてください。お金がどんな味であろうとも、お金は固体ではなく、エネルギーであり、あなたもエネルギーです。いいでしょうか？自分が持っているお金に関する見方で世界を創造してきませんでしたか？お金は汚い、まずい、限りのある額のお金しか持っていないのは、汚い人間になりたくないからですか？時には汚くなることも楽しいですよ。私の人生にもそういう時がありました（笑）

第7章

お金が自分に向かって来るとき、
どの方向からやって来るのを感じる？

ラスプーチン：いいでしょう。では、次の問いです。次の問いは何ですか？

生徒：お金はどの方向からやってきますか？

R：いいでしょう。お金はどの方向からやってきますか？

S：前

R：前。それは常に未来ですね？お金はいつか将来やってきて、あなたはお金持ちになる。皆それを知っています。

S：でも時々、お金がどこからともなくやって来るようにも見えます。

R：どこからともなく(out of nowhere)、の方がいい場所ですね。でも、どこからともなく、とはどこですか？どこからでもの方が、お金がやって来るのには良い場所ですね。

S：上以外のすべての方向、はどうですか？

R：どうして制限しているのですか？

S：ですよね、それを考えたことはありませんでした。

R：雨が・・・からやって来るのがいいと思ったことはありませんでした。

S：いいえ、私が見た雨は、地面から出てきたのだとは思いませんでした。あなたのお金の木。

R：はい、あなたのために、いたるところでお金に育ってもらいましょう。お金はどこからでもやって来ることができます。お金は常にそこにあります。では、この部屋のエネルギーを感じてください。あなたは、お金として創造し始めています。あなたのエネルギーに違いを感じますか？

クラス：はい。

R：はい、お金はどこからやってきているように見ていますか？

S：夫から

クラス：笑

R：夫ね、他の人は？

S：キャリア

R：キャリア、きつい仕事。ここでは誰の視点（見方）で話をしていますか？他者の視点からそれを見ているのであれば、その人はどこにいますか？あなたの前、横、後ろ？

S：私の後ろです。

R：それは、前の旦那さん

S：そうです。

R：そうです、あなたは過去を見ていて、彼から見ています。自分の人生を手にいれるために。あなたが創造しているのはその場所からですか？

S：いいえ、でも私が思うに・・・

R：はい、いいでしょう。あなたは嘘をついています。ではまず、この部屋にある全ての場所を取り出し、この部屋からエネルギーを引っ張ります。あなたの前から、体の全ての毛穴を通って、あなたの体の全ての毛穴に引っ張ります。いいでしょう。次に、あなたの両側から引っ張ります。体にある全ての毛穴に引っ張ります。では、あなたの足元から引っ張ります。体にある全ての毛穴に向けて。次に、あなたの上から引っ張ります。体にある全ての毛穴に向けて。すると今、全ての方向からエネルギーがやってきますね。お金はエネルギーの別の形でしかなく、今はお金の姿をしており、あなたの毛穴の一つひとつに向かって全方向から入ってきます。

ほとんどの皆さんがこれを固体化しているということに気づいてください。お金を再び軽くして、あなたが受け取るエネルギーにしましょう。そして、お金にします。いいでしょう。良くなりました。あなたはこのようにしてお金になれるのです。全身の毛穴一つひとつに流し入れる。他の人からやって来ると思うのではなく、他のスペースからやって来るのではなく、仕事からやって来るのではなく、お金が流れるのを許容します。では、全身でその流れを止めてください。次に、自分の前からエネルギーを流し出します。できるだけ多く。流し出し、流し出し、流し出します。あなたのエネルギーは減少していますか？いいえ、していませんね。感じてください。自分の前からエネルギーを流すにつれて、背中にエネルギーが入ってきます。

エネルギーに終わりはありません。流れ続けます。お金も同様です。では、あらゆる場所からエネルギーを自分の体の毛穴一つひとつに引っ張ります。いいですね。そうです。そして、自分が全ての場所からエネルギーを引っ張ると、どこからでも出て行くことに意識を向けてください。エネルギーは流れるものなのです。では、エネルギーをお金に変えてください、お金が飛び回っているように見えるでしょう。それは動き続けます。エネルギーだからです。あなたがそうであるように。お金はあなたであり、あなたはお金です。そう、そんな感じ。

いいでしょう。では、動きを止めてください。次に、お金をゆらゆらと流しましょう。何百ドルものお金がここにいる皆さんに、皆さんの目の前に向かってきます。流して、莫大な量のお金を、獲得しているのを想像して、流して、流して、流して、流して。わかりますか、あなたは背中にもエネルギーを引っ張っています。もしあなたが許容すれば、あなたが流し出すだけのエネルギーが背中から入ってきます。あなたは、まだこれをお金としてやっています。少し感覚がつかめましたか？請求書の支払いに十分なお金がないと思ったり、お金を流し出すことが困難だと思ったら、それはあなたが自分の後ろ側を閉じてしまい、受け取りたがっていないからです。お金は流れ出ると同時に、流れ入ってきます。「明日には十分なお金がなくなってしまう」という、自分の見方でブロックすると、自分の中に能力障害を作り出しています。自分自身で創り出す意外の能力障害なんて存在しません。みなさん、いいでしょうか？では次の問いにいきましょう。

第8章

あなたは必要以上にお金を持っている？
それとも、必要以下のお金しか持っていない？

ラスプーチン：いいでしょう。次の問い。

生徒：あなたは必要以上にお金を持っている？それとも、必要以下のお金しか持っていない？

R：そうです。あなたは必要以上にお金を持っている？それとも、必要以下のお金しか持っていない？

S：必要以下です。

S：私も必要以下だと言えます。

S：皆、必要以下と言っていました。

R：はい、まあ、それは当たり前ですよね？十分にあると考える人は誰一人いない。そして、<u>必要なもの</u>としてみると、何を創り出すのでしたっけ？欠乏、十分でない、ということ。

S：でも、明日の支払いはどうなのです？

R：はい、わかりますか。あなたたちはいつも明日の支払いをどうしようか、に意識を向けていますね。まさにそうです。どうもありがとう。常に、明日どのようにして支払えば良いか、ということなんだ。今日は十分にありますか？はい！

S：私は大丈夫なのでしょうか？

R：「私は大丈夫か」だって？それを言っているのは誰？面白い見方を持っていますね。私は大丈夫、私は素晴らしい、私は壮大だ。するとあなたは今すぐ、より多くを創り出します。お金とは驚くべきものです。私はこれだけのお金を愛している、私は自分が望むだけを手にすることができる。それがやって来るのを許容しなさい。今日、自分がお金を手にしていることに感謝しましょう。明日のことは心配しない

で。明日は別の新しい日であり、あなたは新しいものを現実化するのです。チャンスがやって来るでしょう？

では、マントラです。『人生の全ては安らぎ、歓び、豊かさと共に』（クラスがマントラを複数回繰り返す）いいですね。では、エネルギーを感じてください。『私はパワー、私はアウェアネス、私はコントロール、私は創造性、私はお金』とは異なりますか？

S：そして愛？

R：そして愛。でもあなたはいつも愛です。これまでもずっと愛だったし、これからもずっと愛ですね。それは当たり前です。

S：どうしてですか？

R：どうして当たり前かって？そもそも、自分はどのようにして創造されたと思いますか？愛からです。あなたはこの場所に愛と共にやってきました。あなたが楽に愛を与えられない唯一の人は、あなた自身です。「自分自身を愛すること」になると、あなたはお金であり、歓びであり、安らぎです。

第9章

目を閉じたとき、お金は何色に見える？そのお金には何次元ある？

ラスプーチン： 目を閉じたとき、お金は何色に見える？そのお金には何次元ある？どたなか？

生徒： 三次元です。

R： 青で、三次元。

S： 多次元？

S： 緑で二次元

R： 緑で三次元

R： 面白い。ほとんどの人にとっては二次元でしかないから。多次元だという人も数人いますね。3次元だという人も数人。

S： 私は大きく開かれた空間です。

R： 大きく開かれた空間の方が少しいいですね。大きく開かれた空間こそ、お金のあるべき姿です。そのエネルギーを感じてください。そして、お金はどこからでもやってきます。そうではありませんか？そして、お金はいたるところにあります。お金を大きく開かれた空間として見てみると、そこに欠乏はありませんよね？お金の減少もないし、形式もない、構造もない、意味付けするような意味もない。

S： 色もないのですか？

R： 色もありません。なぜなら、いいでしょう、みなさんはアメリカのドル札を見ていますね。金はどうですか？金は緑色で3つの面がありますか？いいえ。では、銀はどうでしょう？時には玉虫色ですが、それでも十分ではない。それは液体です

か？液体に色はありますか？

S：いいえ。

R：店にいる人はどうでしょう？どうやって話しかけたい？買い物のためにその店に行きますか？どんな思い込みが・・・

S：値段が高い

R：はい。大きく開いた空間ですが、でもここでは、考えたこともなかったような大量のお金が自分にやって来るのを許容することについて、話をしていました。お金のことは絶対に考えないでください。店に行くと、自分が買う商品一つひとつの値段を見て、その額を全て足していくらになるかを計算し、それに費やせる十分なお金があるかどうか確認しますか？

S：時々、クレジットカードの請求書を開くのが怖いです。

R：まさにそう。負債の額を知りたくなければ、クレジットカードの請求書を開けないようにしましょう。（笑）だって、支払いするのに十分なお金がないことはわかっているからです。自動的にそれを想定したはずです。

S：ただ目を向けたくないのです。

R：～したくない？

S：請求書に目を向けることが。

R：書いてください、書いてください。

S：したい（want）、したい、したい

R：したい、したい、書いてください。そして破ります。「～したい（want）」はもうおしまい。「～が必要（need）」はもうおしまい。許容されません。いいですか？

第１０章

お金が入って来ることと、出て行くこと、どちらが簡単？

ラスプーチン：では、次の問いにいきましょう。

生徒：お金との関係において、お金が入って来ること、出て行くこと、どちらが簡単？

S：入ってくる方が簡単だという人はいますか？

R：そうだという人がいたら、嘘をついています。（笑）私は違います。

S：いいでしょう、クレジットカードの負債に目を向ないということを考えると、あなたにとっては絶対に真実ではありませんね。

S：どちらかよくわかりません。

R：よくわからない、面白い見方ですね？いいでしょう。これまでのところ、みなさん全員がしがみ付いている、最もよくある、最も意味付けされた見方が「お金が出て行く」という考えです。お金を費やすのは簡単で、一生懸命働くのは大変で、お金を使うために一生懸命働かなければならない。面白い見方ですね？こうした見方を創り出しているのは誰ですか？あなたです！！

では、お金を感じてください。エネルギーがあなたの体に入ってくるのを感じましょう。いいでしょう。エネルギーは、あらゆるところからあなたに入ってきます。

入ってくるのを感じてください。いいでしょう、では、自分の前からエネルギーを流し出し、背中から入ってくるのを感じ、出て行くエネルギーと入って来るエネルギーが同等になるのを許容しましょう。何百ドルもがあなたの前側から出て行き、何百ドルもが背中から入ってくるのを感じてください。いいですね。では、何千ドルもが自分の前側から出て行き、何千ドルもが背中から入ってくるのを感じます。これに対して、ほとんどの人がいかに固体化してしまっているか。軽くしてください。ただのお金です。重要なものでもないし、今の時点では自分のポケットから出さなくても良いのです。では次に、何百万ドルをも前側から流し出し、背中から流し入れましょう。千ドルを流すよりも百万ドルを流す方がより簡単であることに着目してください。というのも、どれくらいのお金を手に入れるのかに意味付けをしてきたので、百万ドルまでいくと、そこにはもう意味付けするようなものが残っていません。

S：どうしてですか？

R：だって、みなさんは百万ドルが自分の手に入ると思わないからです。自分とは関係ないことになっているでしょ。笑

S：えっと、私は後ろからお金を入れることの方がもっと難しかったです。大変なことになると思っているのかもしれません。

R：かもしれませんね。でも、明らかなのは、お金を入れるよりも、お金を出す方を進んでやっているということです。それもまた別の面白い見方ですね？では、出て行くエネルギーと、入ってくるエネルギーは等しいですか？はい、ある意味。でも、エネルギーには制限がなく、お金にも制限がありません。あなた、あなた自身が作り出さない限りはね。人生の舵取りをするのはあなたです。人生を創造するのはあなたであり、あなたの選択が人生を創造します。そして、自分自身に反するアンコンシャスネスな思考と思い込みの視点からも創造します。そして、自分はパワーではなく、自分にはパワーがないという場所からそれをやるのです。

第11章

お金に関して抱えている問題のワースト3は？

ラスプーチン：では、次の問いは？

生徒：お金に関してあなたが抱えている問題のワースト3は？

R：おお、これはいい問いですね。答えてくれる方は？

S：いきます。

R：はい、ではここへ、そう。

S：お金を全く持てていないことについて、とても恐ろしく感じています。

R：はい。そうですね、恐れについてはもう話しましたね？恐れをもっとやっていく必要がありますか？みなさん恐れについては、かなり明確ですか？OK、次。

S：私は沢山の物を買いたい。

R：ああ、面白い見方だ、沢山の物を買う。多くの物を買うことで何を得ますか？（笑）沢山のやることがあり、気にかけることが沢山あり、あなたは自分の人生を沢山の物で埋め尽くしています。どれくらい軽く感じますか？

S：重荷を背負っている感じで、自分はそれを人にあげています。ご近所さんや誕生日や・・・

R：はい、では、沢山の物を買うことの価値は何ですか？

S：それはもう自分の血に流れているのです。

R：では、なぜそれがあなたの考察（あれやこれや考えること）の一つとなっているのですか？

S：だって、私を困らせるので。

R：買ってしまうことに困っているのですか？

S：はい。

R：いいでしょう。では、買いたいという強い願望をどのように乗り越えますか？パワーになることで、アウェアネスになることで、コントロールになることで、創造性になることによって。そして、買わなければ、と感じる場所に自分が行くと、あなたが物を買う理由は、自分には十分なエネルギーがないと思い込んでいるからです。自分にエネルギーを取り入れましょう。物を買う習慣をやめたいのなら、路上のホームレスにお金をあげたり、慈善団体に送ったり、友達にあげてください。なぜなら、あなたがやってきたのは、自分には沢山すぎるお金が入ってきていると決めつけた、ということです。ですから、あなたの見方では、お金の流れを等しくしなければと思っているのです。自分でそうしているのがわかりますか？

S：はい、ええ。実際、自分には沢山すぎるほど流れてきています。

R：はい、では、流れ出るものに対して、入ってくるものが多すぎる可能性はありますか？いいえ、それは創り出された現実です。流れ入ってくるお金が多すぎると、自分はスピリチュアルではなく、自分は神の力とつながっていない、という風にあなたは存在し、思い込んでいます。それは大切なことではありません。大切なこととは、自分の人生をどのように創造するか、を選択していくこと。もしあなたが、エネルギーとして創造すれば、パワーとして創造すれば、アウェアネスとして創造すれば、そして、コントロールとして創造すれば、あなたは自分の人生で喜びを手にするでしょう。それは、そもそもあなたが到達しようとしていたことです。あなたが求めるものは、安らぎ、喜び、豊かさです。それこそが、あなたの目指すものであり、あなたが向かう場所です。そしてこれは、今晩与えられた方向に従えば、みなさん到達できるものです。いいでしょう。これで全ての質問をカバーしたでしょうか？

S：同じことですが、もし私にお金があって、ほかの誰かにはお金がないという理

由で彼らにお金をあげるべきだと感じた場合、そうすると、自分にはお金がなくなってしまうか、あるいは、私は心配するようになります。

R：では、彼らにエネルギーを与えるのはどうですか？

S：お金の代わりにエネルギーを与えるのですか？

R：そうです。同じことです。

S：では、地下鉄で物乞いにあったら、ただ・・・笑

R：あなたはただ・・・

S：彼らは１ドルちょうだいと言うので、あなたは・・・

R：今晩ここでエネルギーを吸い込んでいないのですか？

S：はい。

R：エネルギーをたらふく食べていないのですか？食べることの目的は？エネルギーを得るためです。お金の目的は？エネルギーを得ることです。呼吸することの目的は？エネルギーを得るため。これらに違いは全くありません。

S：確かに違うように見えますが。

R：それは、あなたが異なるものとして決めつけ、創り出したからです。そこには「違いがある」という前提があります。

S：その通りです。

R：それを前提として想定すると、お金の欠乏、エネルギーの欠乏を創り出す立場から創造しはじめることになります。

S：でも、私にとっては正しいようには思えません。なぜなら、私が想定している部分は私が人間であるから・・・

R：そうですね、そこには悪い想定・思い込みがありますね。

S：私は、人間社会に住んでいて、そこには、パン、水、時間、政府という創造物があります。

R：ということは、あなたは自分自身を体として作り出していますね。

S：わたしは、自分をニューヨーク・シティーにいる１９９６年のＳとして創造しています。

R：あなたは自分を体として作り出しています。それはあなたが本当に臨む姿ですか？あなたはそれで幸せですか？

S：えっと・・・

R：いいえ！

S：わたしが体の外にいたとき、ほかの場所はもっとひどいように見えたので、そ

の問題をいかに解決できるかを見るには、これが一番の中継地のようです。しばらくの間は、かなり良くないニュースでしたが・・・

R：はい。でも、あなたは自分のいる場所がどこであれ、そこで、自分の見方に基づいて現実を創り出しています。

S：わたしにはそのように思えません。ほかの人がわたしと一緒に創造するか、あるいは、その人たちが私より優位に立って、私のために創造しているように思えるのです。完全にそうだとは言えないとは言えないですが、そうとは思いません。たぶん、でも、そうは思いません。

R：あなたは私たちが言ったことをコントロールしないのですか？

S：あなたが言ったことつまり、あなたと私はある意味繋がっていて・・・

R：そうです。

S：・・・そして、みなさんは、・・・・でも・・・えっと・・・このパラドックスとは、あなたはあなたで、私がこのことを不思議に思わなくて、あなたはスピリチュアルな存在であるということ。

R：あなたもそうですよ。

S：そしてSさん（ほかの生徒）、あなたも。そしてSさん（また別の生徒）、あなたも。私たちはある現実をここで共に共有しています。私たちは１９９６年のニューヨークにいますよね？でも、私はあなたと共にいるけれど、私があなただとは思いません。

R：そうです。そのことをこれまで話してきたのです。そう思いませんか。あなたが思うたびに・・・

S：私には問題があります。

R：あなたには問題がある。

S：その通り（笑）

R：では、あなたの脳みそ投げ捨てましょう。脳みそは使えないガラクタでしかありません。

S：それで、ただ屋根から飛び降りる。

R：屋根から飛び降りて、あなたという存在で浮かび始めてください。脳みそを捨て去って、思考のプロセスを止めたとき、全ての思考には電極的要素が伴っており、それが現実を創り出します。あなたが「私はこれ」「わたしは体」と考えるたびに、あなたはその通りになるのです。あなたはSではなく、今回はSの姿をしていますが、１００万回の別の人生があり、１００万回の別のアイデンティティーがあり

ます。そして今もなお、そういった存在でまだいるのです。あなたの視点では、あなたのコンシャスネス、そしてそのコンシャスネスの大部分は、今ここにあります。それもまた、現実ではありません。自分の現実は、この瞬間に自分自身のコンシャスネスと共に創り出されているという思考から離れて、他の考えや、見方、そして他者の立ち振る舞い、信念、決めつけ、考えが自分の中にあると気づき始めたら、今あなたが自分自身の思考プロセスから創り出そうとしているよりも、もっと素晴らしいこの世界についての現実を与えてくれる他の次元とあなたは繋がり始めます。そうした場所こそが、あなたが真に望んでいる場所なのです。

思考とは生きることの邪魔になります。なぜなら、思考は創造のプロセスではなく、罠だからです。次の問いにいきましょう。

第12章
お金と借金、どちらの方を多く持っている？

ラスプーチン：次の問い。

生徒：お金と借金、どちらの方を多く持っている？

R：どちらの方をより多く持っている？

S：借金

S：借金

R：借金、借金、借金、借金。面白い。皆、借金があるのですね。それは、どうして？借金を抱えているのはどうして？借金という言葉を感じてみて。

S：ああ、これは重い。

S：はい。

R：何トンもあるレンガのように感じますね。では、これを軽くするためのヒントを少し出しましょう。こんな重さであなたにのしかかっているので、これが自分の中で最も重要なことだという見方を取り入れ、信じ込んでいませんか？重いから、重要だから、固体だから、といって、あなたはそれに加えて、加えて、借金を負っても良いという考えを信じ込んでいるから、人は借金を負うべきだという考えを信じ込み、自分は十分なお金を手にすることができないという考えをいずれにしても信じ込むのです。本当にそうなる前に。これは本物ですか？

S：はい。

R：面白い見方ですね。これは本物ですか？

S：はい、かつてはそう考えていました。

R：いいでしょう、今もそう考えているのですか？

S：いいえ。

R：よかった。いいでしょう。では、請求書や借金をどのように無くしていくか？過去の出費を清算することによって。過去の出費を固体化することはできますか？感じてください。借金のように感じますか？

S：それに関してはジャッジメントがありません。

R：ジャッジメントがない。まさしく。それでも、あなたは自分を大いにジャッジしています。借金に関して。違いますか？自分自身をジャッジするとき、あなたを

98

罰しているのは誰ですか？

S：私自身です。

R：そうですね。では、借金を創り出すことについて、どうして自分自身に怒っているのですか？怒るべきですけどね。あなたは借金を創り出した、偉大で壮大な創造主です。信じられないぐらいの借金を創り出しました。違いますか？

S：ああ、はい。

R：とても信じられないほどの借金です。私は借金を創り出すのに長けている！いいでしょう、なので、あなたは、借金になって、借金を創り出した壮大な創造主です。あなた本来である壮大な創造主になって、過去の出費を清算しましょう。過去の出費に軽さを感じてください。それが自分のコンシャスネスに変化を創り出す方法です。そして、軽さはツールです。あなたが軽やかであれば、あなたがお金として軽やかな存在であれば、あなた自身のコンシャスネス、そして周囲の全員に変化を起こし、創り出します。あなたは、自分が住む地域に完全な変化を起こし始めるダイナミックなエネルギーを創造しはじめ、あなたがお金をどう受け取るか、お金がどのようにしてあなたの元へやって来るか、あなたの人生の全てがどのように機能するのかに変化を起こします。でも、あなたは偉大で壮大な創造主であり、過去、これまでにあなたが創造した全てはあなたが言った通りそのものであり、あなたが未来に創造するものは、そのように創造されるべきものなのです。あなたの選択に基づいて。いいでしょう、次の質問にいきましょう。

第 13 章

人生でお金の豊かさを得るには？
今の経済状況を解決しうる３つを挙げてください。

ラスプーチン：いいでしょう。ではあと２つ問いがありますね？

生徒：あと１つです。

R：あと１つ。最後の問いは何ですか？

S：人生でお金の豊かさを得るには、何が今の経済状況を解決しうるでしょう？３つ挙げてください。

R：いいでしょう。これに答えたい人は？

S：やります。

R：はい。

S：大好きなことをやって、ベストを尽くす

R：大好きなことをやって、ベストを尽くす？

S：そうです。

R：では、自分が大好きなことをやってベストを尽くせないと思わせるものは何？そして、ここにある基本的な思い込みは何？

S：そこにたどり着くためのお金が足りないということ。

R：そうか、一番やりたいことは？

S：ガーデニングとヒーリングが大好きです。

R：ガーデニングとヒーリング？その２つをやっているの？

S：時々

R：では、自分が望むものを得られていないと思わせるものは何？

S：うーん・・・

R：週に８日間も自分が大嫌いなことをやっているから？

S：まさにそうです。

R：その現実を創造したのは誰？

S：でも、えっと・・・

R：この街ではガーデニングをしてくれる人を必要としていないの？ガーデニングが大好きなら、どうして庭師にならなかったの？

S：それを現実にするための過程にいるからです。でも私は・・・

R：では、あなたが自分を機能させている基本的な思い込みとは何でしょう？時間です。

S：時間。はい。

R：そう、時間。

S：創り出すための時間がありませんでした。

R：はい、創り出すための時間がなかった。今日は最初に何を話しましたか？創造性、ビジョンを創造すること。パワー、「私はパワー」になること。あなたは自分が望むものにエネルギーを与えています。自分が手にするであろう叡智についてのアウェアネス。「自分は強く望むものを手にすることができる」という叡智をどういったところで継続的に過小評価し、否定していますか？「私はまだ到達していない」と毎日仕事に行く時に言っていますね。

S：その通りです。

R：その見方からあなたは何を創り出しているのでしょう？それはまだ手にしておらず、明日も手にすることがない。なぜなら、「自分はまだ手に入れていない」という見方をまだ持っているからです。そしてあなたは、操作を手に入れ、そこに到達するには特定の道筋が必要だと決めました。そこにたどり着く道筋が「解雇されなければならないこと」かどうか、わかりませんよね？でもその仕事が、自分のたどり着きたい場所に行く自由を与えてくれるからという理由で、「大嫌いな仕事を続けることだけが唯一の方法だ」と決めつけると、あなたは図表と道筋、つまり、そこに辿り着かなければならない道すじを創造することになります。そしてそれは、豊かなユニバースがあなたに道をもたらすことを許容しません。

では、もうひとつ別のフレーズをお伝えしましょう。これは、書き出して、毎日目にふれる場所に貼っておくといいでしょう。ではいきましょう。

私の成長、私のアウェアネス、私の歓びに満ちた生命の表現を包含し、サポートするように設計された全てのチャンスの多重性を、豊かなユニバースが私にもたらすことを許容します。

これがあなたのゴールです。ここにあなたは向かっています。

R：いいでしょう。S、あなたの次の答えは何ですか？

S：借金から抜け出すことで、自分自身を取り戻し、自由になること

R：借金から抜け出すことね。その根本にある基本的な思い込みは何？それは、自分が借金から抜け出すことは絶対になく、自分には借金がある、ということ。そいうことは、あなたは毎日自分に何を言っていますか？「私には借金がある、私には借金がある、私には借金がある、私には借金がある、私には借金がある、私には借金がある、私には借金がある。」この中で借金のある人は？

S：全員です。おそらく。

R：この中の何人がそれを偉大なる豊かさと勤勉さとともに言う人でしょう？（笑）

S：私は違います。

S：勤勉さ（笑）

R：いいでしょう。なので、そこから創造しないでください。「私はお金」というところから創造しなさい。借金をどのように呼ぶかは気にしなくて大丈夫です。少しずつ返していけば良いのです。瞬時に返済したいと思うでしょう。あなたに入ってくるもの全ての１０％を除けておいて、返済に充てましょう。そしてそれは借金とは呼ばないように。借金という音を聞いてみてください。とても聞こえが良いですね？出費と呼びましょう（笑）。

S：やります！

S：それは素晴らしい、本当に素晴らしい。

R：「私は過去の出費です」とは言い難くないですか？（笑）「私は過去の出費」とは言い難いけど、でも、「私は過去の出費を清算している」は言いやすいですね。どうやったら借金から抜け出せるかがわかりますか？また、ここにある自由の側面を無視してはなりません。根本にある見方は、あなたには自由がない、ということ。つまりは、あなたにはパワーがない、それは、あなたには選択肢がないということ。それは本当に真実ですか？

S：いいえ。

R：いいえ。あなたは自分の体験を選択してきました。あなたの人生における一つひとつの体験、あなたの人生の体験一つひとつは、何についてでしたか？より大きな、そしてより大きな気づきをあなたの中に創造しています。あなたが過去に選択してきたものは、あなた自身を現実に目覚めさせること、そして、あなたの真実に目覚めさせる目的以外のものはありません。そうでなければ、今夜ここにはいないでしょう。いいですか？

S：もう一度繰り返してもらえますか？

R：人生の中であなたがしてきたこと、あるいは選んできたことの目的は、あなた

自身の真実にあなたを目覚めさせること以外にはない。これだとどう？一語一語やったけど？（笑）いいでしょう、では次の見方は？

S：もっとシンプルな人生を生きること。

R：なんてクソみたいな戯言なんだ。（笑）

S：知っています（笑）この答えを書いている時にでさえ、わかっていました（笑）

R：もっとシンプルな人生を望んでいる人はひとりもいない。もっとシンプルな人生とは、大きな安らぎです―死んだらそうなる！そうしたら、シンプルな人生を手にするでしょう。（笑）死はシンプルだ。命・人生（Life）とは、豊富な体験に満ちている。命・人生とは全てが豊富に満ちたもの、命・人生とは喜びが満ちたもの、安らぎが満ちたもの、豊かさ（glory）が満ちたもの。それが現実であり、あなたの真実です。あなたは無限のエネルギーであり、あなたは総じてこの世界を作っているものの全てであり、そして、あなたがお金になること、気づきになること、コントロールになること、パワーになること、創造性になることを選択するたびに、あなたはこの物理次元を人々が本当に絶対的な気づきと、絶対的な喜び、絶対的な豊かさとともに生きられる場所に変えるのです。あなただけではなく、この次元における全ての存在が、あなたの行う選択に影響されるのです。なぜなら、あなたは彼らであり、彼らはあなただからです。あなたが自分の考察を軽くして、自分の考えを他人に渡したり、押し付けたりしなければしないほど、あなたは軽やかな地球と、より目覚めた、気づきのある文明を創造するのです。それは、あなたが切望し、これまでに望んできたものであり、平和と喜びが成就する場なのです。でも、その創造主はあなたです。その叡智に身を置き、その喜びに身を置き、それを維持しなさい。

では、もう一度繰り返します。あなたの道具（ツール）、お金についてのエネルギーがあなたにやって来るのを感じたら、そして、そのエネルギーが押し入ってくるのを感じたら、それらを逆戻しして、あなたから出て行かせましょう。あなたが自分自身になるスペースを感じられるまで。すると、そうしたエネルギーは自分ではないことが分かり、その現実を創り出していたのは自分だったことが分かります。覚えておいてください。あなたは、パワーとつながり、そのエネルギーにつながることで、自分が手にするもののビジョンを創造します。

そして、それは既に存在する現実なのだと気付くことで創造することを覚えておいて下さい。なぜなら、それについて考えたからです。どのようにして、そこにたど

り着くのかはコントロールしなくても良いのです。

あなたはコントロールです。ですから、豊かなユニバースがそれをあなたにもたらすのを同じぐらいの速さで起こります。そうなります。ジャッジしないでください。自分が現実化するものの一つひとつに毎日感謝しましょう。1ドルを手に入れたら、感謝しましょう。5ドルを手に入れたら、感謝しましょう。5000ドルを手に入れたら、感謝しましょう。そして、あなたが借金と呼ぶものは過去の出費と呼びましょう。それは借金ではありません。人生において、あなたは何の借りもありません。なぜなら、過去はなく、未来はなく、自分の人生を創造するこの10秒だけがあるからです。このマントラを目に見えるところにおきましょう。『人生のすべては安らぎ、喜び、豊かさと共に』言ってください。『私はパワー、私はアウェアネス、私はコントロール、私は創造性、私はお金』朝に十回、夜に十回です。目に入る場所に貼って、ほかの人と共有してください。**『私の成長、私のアウェアネス、私の歓びに満ちた生命の表現を包含し、サポートするように設計された全てのチャンスの多重性を、豊かなユニバースが私にもたらすことを許容します』**

そして、それになってください。なぜなら、それがあなたの真実だからです。ですから、今晩はこれで十分です。人生・生活のあらゆる側面において、お金で在ってください。あなたに愛を。おやすみなさい。